Monika Harand-Krumbach

Larix, Taxus, Betula

Pfiffige Spiele, Basteleien, Rezepte und Aktionen rund um Bäume

Illustrationen von Iris Wewer

Ökotopia Verlag, Münster

Impressum

Autorin:
Monika Harand-Krumbach

Titelgrafik und Illustrationen:
Iris Wewer

Satz und Druck:
Druckwerkstatt Hafen GmbH, Münster

© 1996 by Ökotopia Verlag, Münster
2. Aufl., 4.-6. Tsd., 1997

Wir bedanken uns bei allen Kindern, die beim Ausprobieren mitgeholfen haben, ferner beim Forstamt Höchstadt und besonders bei der Forstdienststelle Altenmünster/Baiershofen für die Hinweise und Anregungen.

Dieses Buch wurde auf garantiert chlorfreiem, umweltfreundlichem Papier gedruckt.

Im Bleichprozeß wird statt Chlor Wasserstoffperoxid eingesetzt. Dadurch entstehen keine hochtoxischen CKW(Chlorkohlenwasserstoff)-haltigen Abwässer.

CIP-Titelaufnahme der Deutschen Bibliothek

Harand-Krumbach, Monika:

Larix, Taxus, Betula : pfiffige Spiele, Basteleien, Rezepte und Aktionen rund um Bäume / Monika-Harand-Krumbach. Ill. von Iris Wewer. - Münster : Ökotopia-Verl., 2. Aufl. 1997
ISBN 3-925169-98-9

Inhalt

WIR MACHEN WAS MIT BÄUMEN

Anhang

Ein paar Worte vorab

Dieses Buch möchte Kindern den Blick öffnen für die grundlegende Bedeutung von Bäumen in unserer Umwelt und für unsere gesamte Kultur. Kleine und große Aktionen für alle fünf Sinne, Spiele und Erkundungsaufgaben, Basteleien und Rezepte regen zu einer intensiven Beschäftigung mit dem Thema an.

Bewußt haben wir dabei nicht auf Anleitungen verzichtet, bei denen der Baum als Rohstofflieferant etwa für frische Zweige oder Blätter dient: Er soll nicht als „museal" betrachtet, sondern als Bestandteil unseres täglichen Lebens im Kreislauf von Geben und Nehmen verstanden werden. Dabei ist es selbstverständlich, daß möglichst auf beim Frühjahrs- und Herbstschnitt anfallendes Material zurückgegriffen wird.

Eingefügte Informationen greifen das jeweils behandelte Thema auf, ergänzen es und wappnen Sie so für weiterführende Fragen der Kinder. Ausführlichere naturkundliche Beschreibungen der einzelnen Baumarten sollten bei Bedarf den entsprechenden kindgerechten Baumführern entnommen werden (s. Anhang).

Aktivitäten und Infos sind thematisch geordnet. Während das erste Kapitel den Schwerpunkt aufs Entdecken und Erkunden legt, will das zweite Kapitel hauptsächlich Phantasie und Kreativität ansprechen und fördern. Teilweise können die Kinder die Ideen und Vorschläge selbständig ausführen, manchmal wird Hilfestellung nötig sein. Die meisten Anleitungen sind gruppenbezogen (Kindergarten, Schule, Spielgruppe, Familie).

Gestalten Sie beispielsweise mit den Kindern eine ganze - einem Kapitel folgende - Bäume-Woche, oder greifen Sie Anleitungen in beliebiger Kombination heraus. Das Register im Anhang gibt Ihnen dazu eine Orientierungshilfe. Hier finden Sie auch ein Verzeichnis der an eine bestimmte Jahreszeit gebundenen Vorschläge sowie eine Liste empfehlenswerter Bücher und wichtiger Adressen.

Wir lernen Bäume kennen

Auf Erkundungstour

Bevor wir uns in die „freie Wildbahn" begeben, sprechen wir über Bäume und überlegen gemeinsam, was uns zum Thema alles einfällt, was wir besonders beobachten und herausfinden möchten. In kleinen Erkundungsspielen überprüfen und vertiefen wir dann an Ort und Stelle unsere Überlegungen.

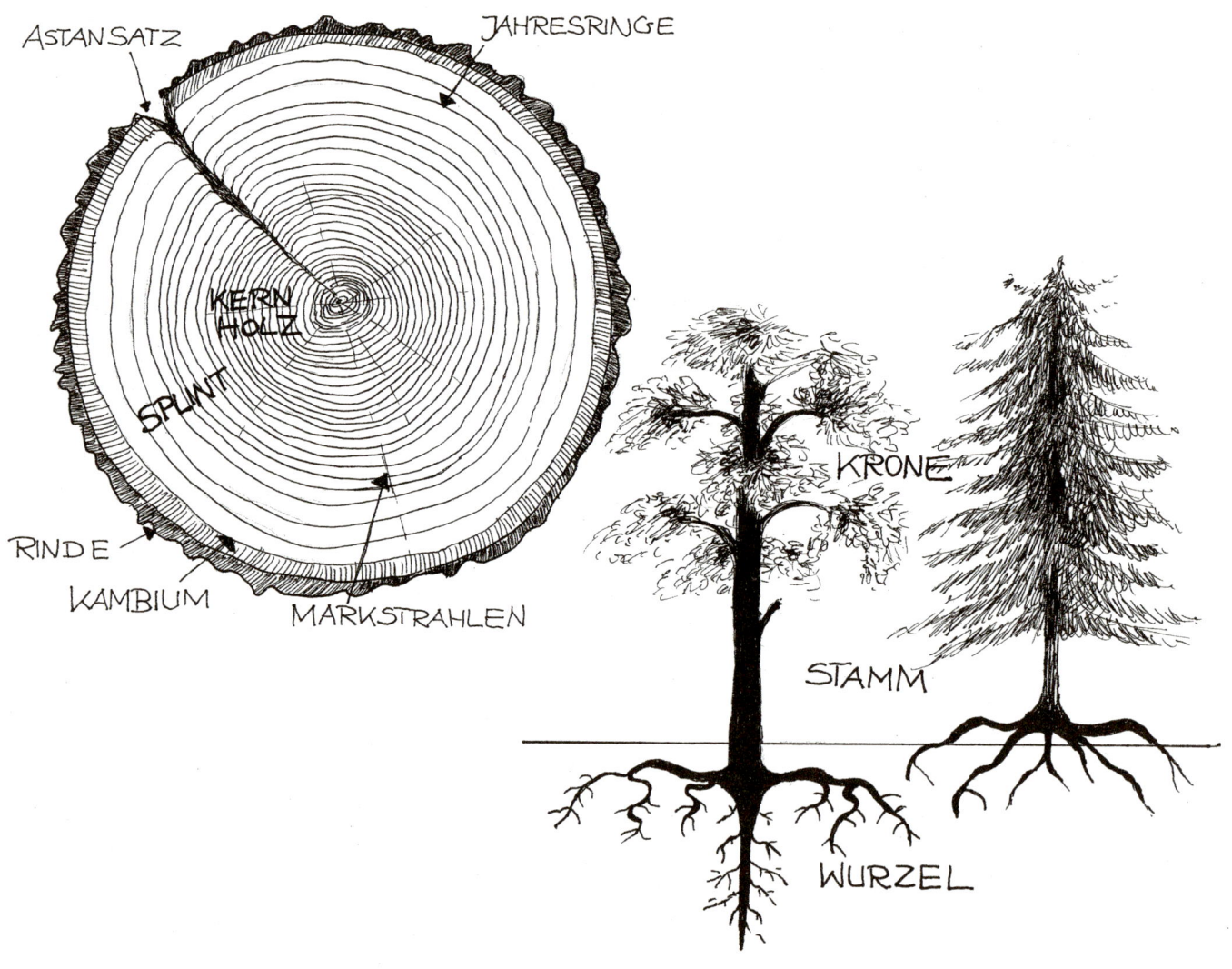

Was ist ein Baum?

Die Kinder sammeln zunächst ihr bisheriges Wissen: Was unterscheidet den Baum von anderen Pflanzen? Welche Arten von Bäumen kommen bei uns vor? Wie sind Blätter und Nadeln geformt?

Wie sieht ein Baum wohl innen aus?

Alle zusammen beschreiben einen Baum und malen ihn.

 Klar, ein Baum hat im Gegensatz zu Sträuchern einen einzelnen Stamm und eine Krone. Unten in der Erde sitzen dicke Wurzeln, die von der Stammbasis ausgehen. Bei manchen Bäumen bilden sie ein System, das größer als die gesamte Krone ist (wie schematische Zeichnungen in vielen Baumbestimmungsbüchern verdeutlichen). An den dicken Wurzeln, die sich immer kleiner verzweigen, sitzen ganz feine Haarwürzelchen. Diese nehmen Wasser und Nährstoffe aus dem Boden auf und lagern sie im Winter an.

Eine Baumscheibe oder schematische Zeichnung gibt Auskunft über das Innere des Baumes: Der Stamm besteht hauptsächlich aus dem Kern (dem Holz) mit den Jahresringen. Das eigentliche Leben spielt sich aber zwischen Kern und Borke/Rinde, im sogenannten Kambium, ab.

Dies ist der Teil des pflanzlichen Gewebes, in dem Nährstoffe und Wasser von den Wurzeln nach oben gepumpt werden. In diesem Bereich wächst der Baum auch: Das alte Kambium stirbt jedes Jahr ab, es bildet sich ein Jahresring, außen entsteht eine weitere Kambium-Schicht. Die Borke schützt den Baum wie ein harter Panzer vor äußeren Verletzungen.

Oben verzweigt sich der Baum zu Ästen und feinen Zweigen, an denen Blätter oder Nadeln sowie Blüten und Früchte sitzen. Breite, waagerecht liegende Blätter können gut Licht und Sonne aufnehmen, schmale Nadeln jedoch sind widerstandsfähiger gegen Hitze und Kälte.

Die grünen Teile bilden wie bei allen Pflanzen mit Hilfe des Sonnenlichts aus Wasser, Nährstoffen und dem Kohlendioxyd der Luft Zucker, der sozusagen die Nahrung des Baumes ist. Bei diesem Vorgang wird Sauerstoff frei, der für Menschen und Tiere lebensnotwendig ist. Während die Menschen also Luft verbrauchen, stellen die Bäume sie her.

Sprichwörter mit Bäumen

Wem fallen Sprichwörter und Redewendungen mit Bäumen ein? Was bedeuten sie?

Wir „zittern wie Espenlaub" oder sehen „den Wald vor lauter Bäumen nicht". Wir „sind auf dem Holzweg", finden etwas „astrein" und müssen manchmal „auf Holz klopfen". Ebenso können wir „vom Hölzchen aufs Stöckchen kommen", „Süßholz raspeln" oder gar jemanden „auf die Palme bringen".

Baum-Rekorde

Bäume sind nicht nur die größten, sondern mit Abstand auch eine der ältesten Lebensformen auf der Erde.

In Amerika fand man in der Sierra Nevada krüppelig gewachsene Grannenkiefern, die schätzungsweise bis zu 4600 Jahre alt sind. Sie leben in den die meiste Zeit des Jahres vereisten Hochgebirgsregionen und wachsen nur sehr langsam. Generell kann man sagen, daß langsamwachsende Bäume meist älter werden als schnellwachsende.

Am höchsten wurden bisher amerikanische Douglastannen (126 m). Aber auch Mammutbäume und australischer Eukalyptus erreichen eine Höhe von über 100 m.

Als größter Baum der Welt gilt der etwa 2500-3000 Jahre alte „General Sherman" im Sequoia-Nationalpark in Kalifornien. Er ist zwar „nur" 84 m hoch, hat aber einen Stammdurchmesser von knapp 10 m und damit einen Umfang von 31 m. Insgesamt enthält er etwa 1500 Kubikmeter Holz. Das würde für ein paar hundert Wohnungseinrichtungen reichen! Unter den Mammutbäumen (es gibt zwei Arten) findet man ganze Wälder solcher Riesen.

Die Rekordhalter in Mitteleuropa sind Linden und Eichen mit ein paar hundert bis tausend Jahren, Eiben können sogar 2000 Jahre alt werden (sie stehen meist unter Naturschutz).

Die Baumhöhe errechnen

Dazu brauchen je 2 Kinder eine etwa mannshohe Bohnenstange. Eines schaut, das andere markiert die Maße an der Stange.

Zum Messen gehen beide in gerader Linie 27 gleich lange Schritte vom Baum weg und stecken an dieser Stelle die Stange in die Erde. Ein Kind geht noch 3 weitere Schritte in derselben Richtung weiter. Es legt den Kopf auf die Erde und schaut zum Baum. Das zweite Kind markiert auf der aufgestellten Stange, wo das erste die Kronenspitze des Baumes sieht. Beide zusammen messen auf der Stange die Länge vom Boden bis zur Markierung ab und nehmen sie mal 10. Das ergibt die Höhe des Baumes.

Vom Baumumfang auf das Alter schließen

Ebenfalls ohne komplizierte Hilfsmittel läßt sich das ungefähre Alter von Bäumen errechnen: Die Kinder messen mit Schnur oder Maßband den Stammumfang etwa in Schulterhöhe. Das Ergebnis wird durch 2,5 geteilt: Zum Beispiel ist ein 100 cm umfassender Stamm etwa 40 Jahre alt, ein 250 cm starker Stamm gehört zu einem „Hundertjährigen"!

Erkundungsspiele

Baumkette

Sie haben als Vorbereitung durch ein interessantes Wald- oder Parkstück ein Seil in Kinderhandhöhe aufgespannt. Allen Kindern werden die Augen verbunden. Sie gehen „blind" am Seil entlang und nehmen Struktur, Geruch und Oberflächen der Bäume intensiv auf. Dabei wird nicht gesprochen. Nachher vergleichen alle ihre Eindrücke.

Der Freundschaftsbaum

Finden wir einen Baum, den wir genau mit den Armen umschlingen können? Bei dickeren Stämmen probieren wir es zu mehreren. Die Hände befühlen die Wurzeln, so weit es geht. Die untersten stabilen Zweige knapp über dem Boden laden zum Dranhängen und Schaukeln ein. Wer sich unter den Baum legt und von unten in die Krone schaut, läßt sich vom Rauschen der Blätter und Nadeln etwas erzählen.

Baumskulpturen suchen

Wo stehen seltsam geformte Bäume? Gibt es Baumstümpfe, Wurzelreste, die an bestimmte Figuren erinnern? Nach heftigen Stürmen sind ganze Skulpturenwälder und skurrile Mauern aus umgestürzten, teilweise gesplitterten Bäumen zu finden.

Jahresringe zählen

Auf dem Erkundungsgang wollen die Kinder abgesägte Baumstümpfe untersuchen. Jeder Ring bedeutet ein Jahr. Wie alt war der gefällte Baum? Die dunklen Ringe entstehen im Winter, wenn der Baum nicht so schnell wächst. Zur Sonnenseite hin sind die Ringe meist breiter. Waren alle Jahre gleich oder einige besser oder schlechter? Wer findet den Ring von seinem Geburtsjahr?

Baum spielen

Die Kinder versuchen, sich in einen Baum hineinzuversetzen. Sie werden dabei fest auf der Erde stehen, die Beine ziehen schwer wie Wurzeln nach unten, die Arme ranken sich nach oben und biegen sich leicht im Wind. Der Stamm ist fest und gerade. Mehrere Bäume ergeben einen ganzen Wald. Was geschieht in dem Wald, wenn es regnet, schneit, windig ist? Ein „Wettergeist" gibt die entsprechenden Anweisungen.

Baumrallye

Nachdem wir über die wichtigsten einheimischen Baumarten gesprochen haben, können die Kinder als Forscher ausgerüstet ein vorher festgelegtes Waldstück oder einen Park mit vielen Bäumen durchstreifen. Als Abgrenzung eignen sich zwei Wege, markante Bäume o.ä. Suchen Sie ein Stück mit möglichst vielen unterschiedlichen Bäumen aus. Ausrüstungsgegenstände wie Fernglas, Lupe, Notizheft, Sammelboxen, Bestimmungsbuch etc. spornen den Entdeckerdrang noch an.

Zunächst überlegen wir gemeinsam, auf was wir alles achten könnten: Was für Bäume wachsen in dieser Gegend, welche sind am häufigsten? Tragen sie Laub oder Nadeln? Wie hoch ist der größte Baum? Stehen die Bäume in Familien oder gemischt? Stehen sie an hellen oder dunklen, trockenen oder feuchten Stellen? Welche Tiere und Pflanzen leben bei den Bäumen? Dann ziehen die Kinder in 2er- bis 4er-Gruppen los. Zur festgesetzten Zeit (nach etwa 20 bis 30 Minuten) treffen sie sich wieder und vergleichen ihre Beobachtungen und Aufzeichnungen miteinander. Größere Kinder haben sogar eine Karte des Waldstücks angelegt, in die sie die vorgefundenen Bäume einzeichnen.

Um die Aufmerksamkeit kleinerer Kinder zu lenken, haben Sie am Vortag kleine Veränderungen im Wald vorgenommen: Gegenstände in die Bäume gehängt oder an den Wurzeln hinterlassen, bunte Markierungen an der Rinde angebracht etc. Zusatzfragen sind etwas geheimnisvoll gehalten: „Wer findet den blauen Baum?" (Stamm mit blauen Stoffetzen), „Welcher Baum macht Musik?" (Blechdosen-Rassel in einem Ast). Beim Erkunden sammeln die Kinder nebenbei Dinge, die sie finden (Zapfen, Stöckchen, Flechten etc.) und vergleichen diese Entdeckungen am Schluß ebenfalls.

Im Sommer sollte die Rallye an einer Stelle mit Brombeeren oder Himbeeren bzw. an einem passenden Platz fürs mitgebrachte Picknick enden. Nach der Stärkung kann noch eine schöpferische Phase folgen. Je nach Interessen und Jahreszeit werden an Ort und Stelle Rasseln und Holunderpfeifchen gebaut (Seite 69f), Baumgeister aufgestellt (Seite 89) oder große Collagen aus den Fundstücken auf ein Brett geklebt.

Fotosafari

Im Spätherbst und Winter, wenn die Laubbäume ihre Blätter verloren haben, zeigen sie sozusagen ihre „innere" Persönlichkeit. Gehen Sie mit der Gruppe in einen Park oder alten Obstgarten (im Wald ist es meist zu dunkel zum Fotografieren). Einige ältere Kinder haben Fotoapparate mitgebracht. Auf Schwarzweißbildern lassen sich die Baumstrukturen besonders gut erkennen.

Zunächst werden die interessantesten Baum-Persönlichkeiten gesucht und aus verschiedensten Perspektiven aufgenommen: von nah, von fern, von unten durch die Krone in den Himmel ... Ungewöhnliche Strukturen wie umgefallene Baumriesen, offenliegende Wurzeln, knorrige oder ineinander verwachsene Bäume sind ebenfalls gute Moti-ve. „Wohngemeinschaften" - am Stamm hochrankender Efeu, Misteln in den Baumkronen - erkennt man jetzt viel besser als im Sommer.

Später nehmen die Kinder kleine Änderungen in den Baum-Landschaften vor. Sie gruppieren sich mit Stämmen und Ästen zu lebenden Skulpturen, die ebenfalls fotografiert werden. Sie umarmen Stämme, lugen zwischen dem wirren Gezweig hervor, sitzen in einer Baumwurzel ...

Wenn die Fotos entwickelt sind, trifft sich die Gruppe wieder und sucht die treffendsten Motive aus, um sie - eventuell vergrößert - zu einer kleinen Fotoausstellung oder einem Erinnerungsalbum zusammenzustellen.

Bäume sind nicht nur Wald

Auch wenn man zuerst an den Wald denkt, bieten sich viele weitere Lebensräume für Baum-Erkundungsgänge und -spiele an. Dort bestimmen nicht nur natürliche Bedingungen wie Sonneneinstrahlung, Luftfeuchtigkeit und so weiter das Bild. Oft greifen die Menschen aus wirtschaftlichen oder ästhetischen Gründen ein und pflanzen Bäume. Außer im Wald finden wir Bäume in völlig unterschiedlichen Umgebungen und zu verschiedensten Zwecken:

Alleen: In Reihen gepflanzt, dienen Bäume und Sträucher als Schutz vor Wind und Sonne. Sie halten Straßen und Wege angenehm schattig und kühl.

Hecken: Lange Baumreihen brechen den Wind und werden deshalb in rauhen Gegenden als „Schutzwände" an Häusern aufgestellt. Kleinere oder größere Hecken dienen zum Abgrenzen von Wiesen und Feldern. Sie sind der Lebensraum für eine ganze Welt von Vögeln, Insekten und kleineren Tieren. Grüne Zäune finden sich oft als Sichtschutz zwischen Gärten.

Obstwiesen: Obstbäume stehen entweder in dichten Plantagen oder - wie früher - in lockeren Streuobstwiesen, die ebenfalls zahlreichen Tieren und Wildpflanzen Lebensraum bieten.

In der Stadt: Nicht zuletzt stehen Bäume überall in Gärten, Parks, an Straßen und freien Plätzen in der Stadt. Jeder Baum ist ein Stück Leben. Manche Arten (beispielsweise die Platane) sind sehr unempfindlich gegen Umweltverschmutzung und überleben sogar in sehr dreckiger Luft. Exotische, manchmal seit Jahrhunderten bei uns heimische Baumarten finden wir oft in großen Parks.

Hausbäume: Früher war es ein schöner Brauch, einen besonderen Baum am Hauseingang oder mitten im Dorf als Treffpunkt oder Rastplatz zu pflanzen. Die ausladenden Kronen von Linde und Kastanie waren besonders beliebt. Vor vielen Bauernhöfen steht noch ein solcher Hausbaum. Manchmal wird auch für ein neugeborenes Baby ein Baum gesetzt.

Einen Baum pflanzen

Kinder, die keinen eigenen Garten haben, können dennoch selbst einmal einen Baum setzen: Oft findet sich vor dem Kindergarten, beim Sportheim oder auf öffentlichen Flächen (vorher Gemeinde fragen!) ein geeigneter Platz. So gehen Sie vor:

* Setzling mit den Wurzeln bis zum Pflanzen in einen Eimer mit Wasser stellen.

* Mit dem Spaten ein Pflanzloch ausheben, in das die Wurzeln ohne Umknicken gut hineinpassen. Ausgeschaufelte Erde am Rand liegen lassen.

* Einen Eimer Torfsubstrat oder guten Humus ins Loch füllen.

* Etwas Wasser angießen.

* Einen Stützpflock (Bohnenstange o.ä., etwa so lang wie Stamm und Wurzeln des Bäumchens) seitlich ins Loch rammen.

* Den Baum ins Loch halten. Er soll so tief wie vorher in der Erde stecken (sieht man meist, der Stamm ist unten dunkler).

* Noch etwas guten Boden und anschließend die ausgeschaufelte Erde auffüllen.

* Gut festtreten und wieder ausgiebig wässern.

* Stamm mit breitem Band (über Kreuz führen) an dem Stützpflock festbinden.

* In den ersten paar Tagen täglich reichlich gießen.

Giftige Bäume

Manche Bäume, Sträucher oder Baumteile enthalten starke Giftstoffe. Vor dem näheren Umgang mit einzelnen Arten lernen die Kinder, auch diese zu erkennen und zu unterscheiden. Falls sie sie angefaßt haben, müssen sie sich sofort gründlich die Hände waschen! Achten Sie am besten darauf, daß die Kinder Teile solcher Bäume gar nicht erst zum Basteln und Spielen verwenden.

Giftig sind u.a. Pfaffenhütchen, Seidelbast, Wolliger Schneeball, Gemeiner Schneeball, Schneebeere, Stechpalme, Eibe, Roter Holunder, Faulbaum, Liguster, Goldregen, ebenso der häufig an Bäumen hochrankende Efeu.

Lebensraum Wald

Während unserer Beschäftigung mit Bäumen wird sicherlich das Thema Wald einen bedeutenden Platz einnehmen. Auch führen uns viele der Erkundungen und Spiele dorthin. Wir möchten daher mehr über diesen komplexen Lebensraum, seine Tier- und Pflanzenwelt erfahren.

Der Wald lebt

Wieder sammeln die Kinder zunächst ihre Fragen und Beobachtungen: Wo gibt es den nächsten Wald? Sind 10 Bäume schon ein Wald? Wer kennt welche Tiere und Pflanzen? Wem gehört eigentlich der Wald? Brauchen wir unbedingt Wälder? Können die Leute überall auf der Welt in einem Wald spazierengehen? Wie schnell wächst ein Wald? Fast alle Kinder kennen Waldstücke, machen mit ihren Eltern Ausflüge dorthin. Sie beschreiben ihren Lieblingsbaum, einen schönen Waldweg, eine Lichtung.

Bei der Beantwortung der Fragen liefern Sie einige Infos, die die Kinder noch nicht kennen:

Der Wald als Lebensgemeinschaft besteht aus Hunderten von Tier- und Pflanzenarten, die alle zusammenwirken, kommen und gehen, wachsen und verrotten. Bäume bieten anderen Pflanzen und Tieren Schutz und Nahrung. Zuerst fallen uns Vögel und Eichhörnchen ein, doch auch in der Baumrinde lebende Insekten, Tiere in Wurzelhöhlen etc. sollen nicht vergessen werden.

Wir alle haben ein „Betretungsrecht". D.h., wir können uns in nicht unter Naturschutz stehenden Wäldern frei bewegen, gleich, wem sie gehören. Teilweise gehört der Wald dem Staat, Gemeinden oder Institutionen (z.B. der Kirche), teilweise Privatleuten. Weil wir den Wald alle nutzen dürfen, sind wir aber auch alle für ihn verantwortlich!

Neben Erholungswert (Spazierengehen, Picknick im Wald, Waldspielplatz) und wirtschaftlichem Nutzen (Holz als immer wieder nachwachsender und restlos verwertbarer Rohstoff; Arbeitsplätze) liefern die Bäume ständig neuen Sauerstoff, den wir zum Leben brauchen. Der Wald schützt das Wasser (filtert Regenwasser), den Boden (der sonst leicht abgeweht und abgeschwemmt würde), die Luft (nimmt Schadstoffe auf) und das Klima (Ausgleich von Sonne, Regen, Schnee und extremen Temperaturen).

Größere Kinder finden mit einer Karte leicht die Verteilung von Waldflächen heraus. Deutschland hat insgesamt 10 Millionen Hektar Wald. Das sind etwa 30 Prozent der Gesamtfläche - angeblich etwa 20 Milliarden Bäume (55 Prozent sind Äcker und Wiesen, 15 Prozent bebaute und sonstwie genutzte Flächen). Im Vergleich: Finnland hat etwa 66 Prozent Wald, Australien dagegen nur 5; USA 23, Brasilien 66; viele Länder Afrikas bestehen etwa zur Hälfte aus Wald. Die gesamte Landfläche der Erde ist zu 26 Prozent mit Wald bedeckt. Natürlich sehen die Wälder unterschiedlich aus. Im Norden gibt es endlose Nadelwälder, am Äquator tropischen Regenwald (Seite 41). Auch dies ist im Atlas oder auf einer großen Karte gut zu sehen.

Was wir heute als kleine Bäumchen setzen, erlebt oft erst die nächste Generation als großen Wald. Man muß also viele Jahrzehnte vorausdenken. Wir haben bereits gesehen, wie man das Alter eines Baumes herausfindet (S. 10), und rechnen auf diese Art nach, wie alt die Bäume vor unserem Fenster/im Schulhof sind. Beim Pflanzen des Waldes gilt bei uns das Prinzip der „Nachhaltigkeit": Es darf nur so viel Holz geschlagen werden, wie man auch wieder neu setzt. Auf einem Waldstück werden nicht alle Bäume auf einmal gefällt, sondern immer wieder welche herausgenommen, damit die anderen mehr Platz haben. Pro Hektar Wald pflanzt der Förster etwa 10 000 kleine Eichensetzlinge ein. Nach 100 Jahren haben nur noch etwa 400 ausgewachsene Baumriesen Platz.

Was ist ein Urwald?

Gibt es noch richtige Urwälder? Hätten wir vor vielen tausend Jahren als Urmenschen gelebt, hätten wir tagelang ununterbrochen durch riesige Wälder gehen können. Zur Zeit der Römer (vor 2000 Jahren) waren in Mitteleuropa drei Viertel der Landfläche bewaldet. Erst ab dem Mittelalter, als die Bevölkerung stark anwuchs, wurden viele Bäume gefällt („gerodet"), damit man freie Flächen für Felder und Holz als Bau- und Heizmaterial hatte. Schon um 1500 waren nur noch 30 Prozent der Fläche bewaldet - wie heute.

Unsere Vorfahren waren anders als heute überwiegend von gemischten Laubwäldern umgeben. Das sieht man beispielsweise an den vielen alten Ortsnamen, die sich von Eichen, Buchen, Birken etc. ableiten. Gibt es auch in unserer Gegend solche Namen?

Echte Urwälder sind im Gegensatz zum „Kulturwald" Flächen, die niemals abgeholzt wurden. Es gibt sie nur noch in wenigen Naturschutzgebieten, beispielsweise im Böhmerwald und in Österreich. In Nordamerika und den Tropen sind sie dagegen häufig. Flächen, die früher einmal gerodet wurden und dann wieder zuwuchsen, sind also keine echten Urwälder.

Waldsträuße

Von Erkundungsgängen können die Kinder neben anderen Fundstücken auch einen Waldstrauß mit nach Hause nehmen: Oft finden sich im Wald und in Parks frisch abgeschnittene oder abgebrochene Zweige. Leute mit Garten schneiden ihre Bäume ebenfalls aus, damit diese mehr Luft haben und wieder besser wachsen. Am interessantesten sind Zweige mit Besonderheiten: Eichen mit Samenkapseln, Platanen mit lustig herabhängenden Samenkugeln, Korkenzieherhasel und -weide, Zweige mit Kätzchen oder Schoten, immergrüne Zweige.

Nach Belieben werden die kleineren Fundstücke (Tannenzapfen, Rindenstücke) zu Hause an einen Drahtstiel gedreht und unter die Zweige gemischt. In einem Einkochglas mit Wasser hält der Strauß viele Tage und erinnert an den Wald, aus dem er stammt.

In aller Munde: Waldsterben

Auch kleinere Kinder verstehen durchaus wie schlecht es den Bäumen in einer modernen Industriegesellschaft geht. Ein Baum ist genau wie wir ein empfindliches Wesen. Er braucht viele Jahre bis er groß und kräftig ist. Immer weiter verändern die Menschen seine Umgebung. Deshalb sind heute viele Bäume krank.

Die Kinder suchen sich einen allen bekannten Baum aus und stellen sich vor, was ihm wohl im Lauf eines Tages alles passiert: Steht er an einem Parkplatz mit vielen Autos, an einer Straße? Gibt es Fabrikschornsteine in seiner Nähe, pinkeln Hunde an seine Wurzeln, ist sein Wurzelbereich von Teerbelag oder Wegen verdeckt ...

 Man unterscheidet traditionelle (durch Wetter, Wildverbiß, Schneebruch, Schädlinge verursachte) und neuartige Waldschäden (auf Luft- und Umweltver-schmutzung, Klimaveränderung zurückzuführen). Sie sind oft erst mit Verzögerung erkennbar. Auch die Baumarten spielen eine Rolle: Viele unserer Kulturwälder bestehen nur aus einer einzigen Baumart (zum Beispiel Kiefern oder Fichten). Schädlinge finden hier immer die gleiche Nahrung und können sich schnell verbreiten. Oft passen die gepflanzten Bäume nicht zum Standort und fallen bei Sturm leicht um, weil sich die Wurzeln nicht richtig verankern.

Bäume nehmen Gifte aus der Luft und dem Regen auf und werden krank. Auch Dünger aus der Landwirtschaft (z.B. Ammoniak aus Massentierhaltung) bringt die Bäume aus dem Gleichgewicht. Er wird mit Wasser oder Grundwasser bis in den Wald geschwemmt und von den Baumwurzeln aufgesaugt.

Jedes Jahr läßt die Regierung den Wald genau untersuchen, damit wir wissen, wie krank die Bäume sind. Sie schreibt dann einen „Waldzustandsbericht". Fordern Sie ihn beim Bundesministerium für Ernährung, Landwirtschaft und Forsten an, wenn größere Kinder mit Zahlen und Fakten versorgt werden wollen. Der neueste Bericht zeigt: Schon weit über die Hälfte aller Bäume ist geschädigt, etwa ein Viertel des Bestandes mittel bis stark. Im Süden und Osten sind die Bäume stärker erkrankt als im Westen und Norden. Laubbäume (besonders die Eiche) sind stärker geschädigt als Nadelbäume, ältere stärker als jüngere. In Österreich und der Schweiz sind die Wälder im Durchschnitt weit weniger krank als in Deutschland, in unserem Nachbarland Tschechische Republik dagegen noch erheblich mehr.

Was wir für die Bäume tun können:

* Umwelt- und energiebewußt leben, damit Luft und Wasser sauber bleiben: ohne Auto auskommen, wenig konsumieren und wenig Müll produzieren.

* Keine jungen Bäume durch Spielen, Spazieren abseits der Wege oder beim Sport schädigen.

* Aktiv Bäume schützen: bei Pflanzaktionen und Pflegemaßnahmen mitmachen (Bund Naturschutz und andere Initiativen organisieren solche Aktionen für Kinder).

* Andere informieren und Waldschäden in Wort und Bild festhalten: Ausstellung in der Schule oder an einer öffentlichen Stelle organisieren; Leserbriefe schreiben.

* Nachfragen, uns selber informieren, damit wir weder unkritisch alles glauben, was wir über den Zustand des Waldes hören, noch undifferenziert auf alles losgehen, was dem Wald schaden könnte.

* Baum-Patenschaften übernehmen: in einigen Städten kümmern sich die Anwohner selbst um Straßenbäume.

Lebenslauf eines Holzwurms

Ein anschauliches Beispiel für Tiere, die den Baum als Lebensraum nutzen und gleichzeitig schädigen, ist der Holzwurm. Dies ist die laienhafte Bezeichnung für den Borkenkäfer, den Schrecken jedes Försters. Es gibt verschiedene Unterarten. Besonders verbreitet sind der Buchdrucker (Ips typographus), der eher dicke Bäume bevorzugt, und der Kupferstecher (Pityogenes chalcographus), der eher in dünnen Bäumen zu finden ist. Der Nadelnutzholzbohrer geht in gefälltes, im Wald lagerndes Holz. Die Weibchen der walzenförmigen, etwa 5 mm langen Schädlinge bohren sich unter der Rinde oder tiefer im Holz einen sogenannten Muttergang. An den Seiten legen sie Eier ab. Die sich daraus entwickelnden Larven fressen senkrecht ebenfalls Gänge. Oft liegt ein Gang neben dem anderen. Die Rinde und damit der Baum wird dadurch stark geschädigt - besonders, wenn viele Käfer in einem Baum wohnen.

Manchmal sieht man solche Gangsysteme an gefällten Bäumen, deren Rinde abblättert. Wenn Sie selber solche Stellen entdeckt haben, führen Sie die Kinder hin. Es lassen sich sehr skurrile Kunstwerke anfertigen, die die Arbeit der Borkenkäfer veranschaulichen. Die Kinder machen mit einem großen Klumpen lufttrocknender Knetmasse oder noch besser Töpferton (der später gebrannt wird) einen Abdruck von den Gängen. Sie drücken ihn sehr fest darauf und biegen die Platte gerade. Es entsteht ein natürliches Relief.

Sammeln und Zeigen

Bei den spielerischen Erkundungsgängen stoßen wir immer wieder auf besondere Fundstücke. Beobachtungen werden gesammelt und dann systematisiert, denn wir wollen die Erkenntnisse auch später wieder auffrischen bzw. ergänzen können.

Baumlexikon

Die ganze Gruppe gemeinsam legt eine nach Arten unterteilte Sammlung an, die immer wieder erweitert werden kann. Sie muß nicht alphabetisch geordnet sein, falls die Kinder noch nicht lesen können.

Dafür wird zunächst erkundet, welche Bäume hauptsächlich in der Gegend vorkommen. Für jede wichtige Baumart wird ein eigener Schuhkarton mit Deckel vorgesehen. Hinein kommen alle Funde, die im Lauf des Jahres an den entsprechenden Bäumen gemacht werden: Ast- und Rindenstückchen, Blüten, Früchte, Zapfen, gepreßte Blätter vom Frühjahr, Sommer und Herbst, eventuell Fotos oder „Porträtzeichnungen", die die Kinder von den belaubten Kronen und kahlen Silhouetten anfertigen.

Mit der kompletten Sammlung kann ein Bestimmungs-Spiel veranstaltet werden: Ein Kind bekommt die Augen verbunden, muß blind eine Kiste auswählen und den Deckel öffnen. Nun fühlt und riecht es und versucht herauszufinden, um welchen Baum es sich wohl handelt. Woran wird er am besten erkannt?

Baumausstellung

Ausstellungen zum Thema Baum können innerhalb der Gruppe oder Klasse organisiert werden, aber auch im Rahmen eines größeren Festes oder einer Info-Veranstaltung zum Thema Umwelt/Natur. Im privaten Rahmen (Kinderzimmer, Dachboden, Gartenhäuschen) für Freunde und Familie sind sie ebenfalls eine geeignete Aktion, bei der vielfältige Erkenntnisse und Erlebnisse miteinander verknüpft werden.

Schwerpunkte könnten sein: „Mein Lieblingsbaum", „Bäume in unserer Region", „Bäume und Naturschutz" u.a. Das Thema wird am besten in Einzelaspekte unterteilt, so daß jedes Kind/jede Kleingruppe nur einen Teil bearbeitet. Nicht nur inhaltlich sind die Kinder gefordert, auch Organisation, Beschaffung von Infos, Präsentation können weitgehend selbständig eingeübt werden.

So wird die Ausstellung vorbereitet:

* Geeigneten Raum finden: Gang der Schule, Klassenzimmer, Gruppenraum; oft stellen auch öffentliche Stellen wie Behörden, Sparkassen etc. eine Wand oder ein Foyer zur Verfügung.

* Infos sammeln: Exkursionen mit direkter Anschauung, Bestimmungsbücher wälzen, Experten fragen; die Kinder sollten darauf vorbereitet sein, daß sie von Besuchern auch nach Einzelheiten gefragt werden.

* Schwerpunkte bilden, Sinn festlegen: die Ausstellung sollte Besonderheiten herausstellen, dem Besucher ein Aha-Erlebnis vermitteln, zum Nachdenken anregen; sie braucht nicht „schön" zu sein, sondern soll die Wirklichkeit vermitteln (Baumsterben, wirtschaftliche Ausbeutung etc. nicht vergessen).

* Material nach dem Motto „Für alle fünf Sinne" sammeln: Baumporträts malen (Sommer/Winter), eventuell fotografieren; Baumteile, Holzscheiben, Gegenstände aus Holz, kleine Möbelstücke, Weidenkörbe, Rindenabriebe, Früchte, Blätter, Zweige; Baum-Produkte wie Harz und ätherische Öle; Eßbares.

* Aktivitäten ausdenken und Material dafür beschaffen: Besonders witzig sind Sachen, die die Besucher ausprobieren (Marimbas, Seite 69, aus unterschiedlichen Holzarten, die verschieden klingen; mehrere in den Schraubstock eingespannte Hart- und Weichholzstücke, an denen gesägt und gehämmert werden darf).

* Liste aller Ideen zusammenstellen und gemeinsam prüfen, ob sie durchführbar sind; Vorbereitung genau aufteilen: Wer macht was?

* Präsentation vorbereiten: Poster kleben und malen (eines pro Baumart oder Vergleiche: alle Blattformen, unterschiedliche Zapfen, Holzarten etc.); Obstkisten oder Regale besorgen (größere Gegenstände wie Holzklötze stehen auf dem Boden, kleinere sollten in Greifhöhe

plaziert werden); auch Aufhängen ist möglich, wenn Dübel vorhanden sind oder eingeschraubt werden dürfen; Ausstellungsgegenstände ggf. mit Etiketten beschriften.

* Werbung organisieren: Plakate malen oder als Collagen zusammenstellen und aufhängen (je nach Veranstaltungsort in Gängen oder in Geschäften fragen und ins Schaufenster hängen); eventuell Einladungen zur Eröffnung verteilen.

* Aufsicht organisieren: Es sollten relativ beschränkte Öffnungszeiten festgelegt sein, an denen immer 2 oder mehr Kinder da sind, um Fragen zu beantworten.

* Probelauf mit Freunden vor der Eröffnung: Ist alles klar und übersichtlich und interessant?; notfalls noch Veränderungen vornehmen.

* Eröffnungsnachmittag vorbereiten: Baum-Produkte zum Essen und Trinken (z.B. Nußkekse, Apfelringe, Säfte, Tees etc.); Gästebuch bereitlegen, in das die Besucher ihre Eindrücke notieren; Presse informieren bzw. zur Eröffnung einladen, falls die Ausstellung größere Beachtung finden soll.

Bäume im Haus

Winterzweige

Zur genauen Beobachtung darf die Natur ins Haus gebracht werden. Schon in früheren Jahrhunderten fanden die Leute heraus, daß man kahle winterliche Obstbaum-Zweige frühzeitig zum Blühen bringt, wenn man ihnen Frühling „vorspielt", sie also in die Wärme holt. Es war üblich, am 4. Dezember (Barbaratag) Kirschzweige und etwa einen Monat vor Ostern Kirsch- oder Forsythienzweige zu schneiden. Sie blühen bei richtiger Behandlung zu Weihnachten bzw. Ostern.

Nehmen Sie aus dem Garten Zweige, die sowieso geschnitten werden sollen, weil sie zu dicht stehen. Oft finden sich auch frisch abgeschnittene Zweige in Parks und großen Obstgärten. Die Sorte ist unwichtig. Die Kinder sammeln sie auf, schneiden

die Schnittstellen noch einmal mit einer Astschere nach (und merken dabei, wie fest sie sind) und lassen sich einfach überraschen.

Die Barbarazweige müssen am Baum schon einmal Frost abbekommen haben, damit sie „denken", der Winter sei vorbei. Sie kommen zuerst ein paar Tage in einen großen Eimer mit Wasser in einen kühlen Raum. Ab und zu wird das Wasser gewechselt. Später stehen sie in den wärmeren Wohnräumen. Mit ein bißchen Glück zeigen sich schon nach 1 bis 2 Wochen die ersten dicken Knospen, aus denen schließlich Blüten und grüne Blättchen hervorbrechen. Indem Sie die Zweige kühler oder wärmer stellen, können Sie beeinflussen, wann sie ausschlagen.

Baumkinder

Im Herbst liegen überall die Samen der Bäume verstreut: Kerne aus verfaulten Zwetschgen, Bucheckern, Kastanien, Eßkastanien, Haselnüsse, Eicheln und so weiter. Bei einem Spaziergang sammeln die Kinder sie ein. Im Freien werden die Samen einfach ein paar Zentimeter tief an einer geeigneten Stelle in die Erde gesteckt. Ein Stöckchen zur Markierung dazustellen und abwarten, was sich im nächsten Frühjahr tut.

Die Kinder schauen sich vorher genau um, an welchen Stellen die Baum-„Eltern" stehen: Mögen sie es sonnig oder schattig, stehen sie auf dunklem Waldboden, in Lehm oder Sand? Ist die Stelle eher feucht oder trocken? Sie versuchen die Bedingungen im Garten möglichst genau nachzumachen, damit die Bäumchen sich später wohl fühlen.

Aber auch wer nur einen Balkon oder eine Fensterbank hat, kann sein Glück in einem Blumentopf versuchen. Kastanien, Eicheln, Walnüsse und Kerne von Obstbäumen keimen besonders gut. Jedes Kind braucht 2 oder 3 Töpfe mit etwa 12 cm Durchmesser und einem Loch im Boden, damit überschüssiges Wasser ablaufen kann, dazu entsprechende Untersetzer. Die Gefäße werden bis kurz unter den Rand mit Blumenerde aus der Tüte oder Komposterde aus dem Garten gefüllt. Die ausgewählten Samen (einer pro Topf) werden etwa 4 cm tief (Obstkerne nur etwa 2 cm tief) eingesteckt, die Erde darüber wird leicht angedrückt. Regelmäßig gießen und im Freien an eine warme Stelle oder im Haus auf die helle, kalte Fensterbank stellen. Nun sind leider einige Wochen Geduld nötig bis die Samen keimen. Im Zimmer vorgezogene Bäumchen müssen im Sommer ins Freie.

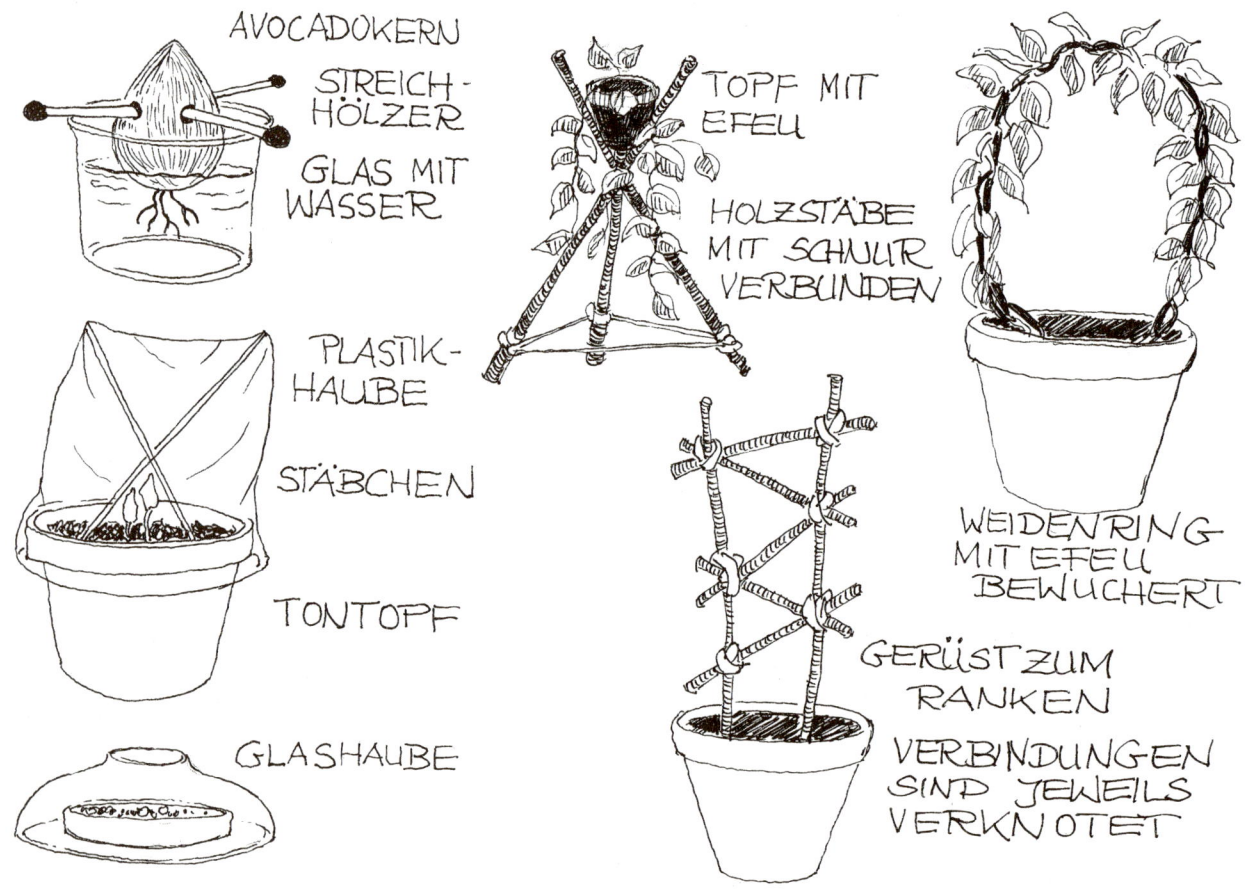

AVOCADOKERN

STREICH-HÖLZER

GLAS MIT WASSER

TOPF MIT EFEU

HOLZSTÄBE MIT SCHNUR VERBUNDEN

PLASTIK-HAUBE

STÄBCHEN

TONTOPF

GLASHAUBE

WEIDENRING MIT EFEU BEWUCHERT

GERÜST ZUM RANKEN

VERBINDUNGEN SIND JEWEILS VERKNOTET

Bäume liefern Nahrung und Rohstoffe

Bäume finden wir nicht nur im Wald oder in der Natur, Bäume bzw. Baum-Produkte finden sich überall. Wir schauen uns im Raum/im Haushalt um. Was würde fehlen, wenn es keine Bäume gäbe? Wir hätten kaum Möbel; Fenster, Türen, Treppen, Parkettböden würden fehlen, viele Nahrungsmittel würden wegfallen ...

Die Situation kann recht drastisch ausgemalt werden. Daran anknüpfend versuchen wir die Rohstoffe, Baumaterialien und Nahrungsmittel systematischer zu erfassen, um zu sehen wie intensiv sie unseren Alltag bestimmen.

Steuern Sie dabei auch Beispiele aus anderen Regionen und weniger bekannte Verwendungen bei.

Viele Verarbeitungsmöglichkeiten wie Möbel können an einfachen Beispielen von den Kindern - mit Hilfestellung - selbst nachvollzogen werden. Dabei ist die perfekte Ausführung und Ausdauer nicht so wichtig, die Kinder bekommen durch Sägen und Feilen aber ein gutes Gefühl für das Material.

Bäume, die durch den Magen gehen

Beginnen wir beim Essen: Da fällt uns leckeres einheimisches und exotisches Obst ein (Stauden wie Banane und Ananas bitte ausnehmen!), außerdem Samen (Pinienkerne aus Pinienzapfen, Samen der Zirbelkiefer, Fichten-„Nüßchen", Mandeln, Wal-, Hasel-, Para-, Cashew-, Kokosnüsse). Manche davon liefern Öl (Walnuß, Olive).

In ärmeren Ländern, in denen es wenig Fleisch gibt, gehören Baumfrüchte oft zu den stärke- und eiweißliefernden Grundnahrungsmitteln (Sagopalme, Schoten des Johannisbrotbaums). Datteln, Avocados, Ahornsirup und weitere exotische Köstlichkeiten sind auch bei uns überall erhältlich.

Aus Eicheln, Kastanien (und in Notzeiten sogar aus Holz) wurde früher Mehl gemahlen.

Wir trinken Kakao (Kakaobaum; nicht zu vergessen die daraus hergestellte Schokolade!), Kaffee und Tee aus Bohnen und Blättern der entsprechenden Sträucher. Dazu kommen Gewürze (Zimt, Muskatnuß, Wacholderbeeren etc.).

Folgende einfache Vorschläge, die gleichzeitig die Vielfalt der Rohstoffe demonstrieren, können die Kinder probieren. Die Zutaten werden im Rahmen einer Baum- oder Wald-Exkursion gesammelt/gekauft und anschließend gemeinsam zubereitet:

Tees: junge Lindenblätter, Himbeer- und Johannisbeerblätter, getrocknete Hagebutten (mit oder ohne Kerne kurz auskochen), Holunderblüten, Apfelschalen, Schalen von ungespritzten Zitronen und Orangen, frische Föhren- und Fichtennadeln.

sonstige Getränke: Sirup aus Holunderblüten und Obst, Obstsäfte, Holunderbeerensaft (heiß und kalt), Mandelmilch.

Eßbare Wildfrüchte: Gekocht werden Hagebutten, Schlehen, Sanddorn, Ebereschen, Holunderbeeren, Früchte des Speierlings, der Mehlbeere, der Berberitze etc. genossen. Eßbar sind auch die Früchte des schwarzen Maulbeerbaums und viele Wildarten bekannter Obstbäume wie Wildkirschen, -äpfel, -birnen.

Sie werden wie normales Gartenobst zu Säften und Gelees verarbeitet. Besonders lecker sind sie gemischt (z.B. Schlehen-Brombeer-Gelee oder Apfel-Holunder-Saft).

Brotbelag: gehackte frische Nüsse, junge Lindenblätter (in feine Streifen geschnitten), Holunderblüten, Mus aus frischen Wildfrüchten (mit der

Gabel zerdrückt, mit etwas Honig verrührt aufs Brot oder für Milchshakes), Marmeladen.

Beim Sammeln in der freien Natur bitte beachten:

* nur an wirklich sauberen Stellen fernab von großen Straßen sammeln

* nie mehr nehmen, als wirklich verarbeitet wird

* alle Früchte und Blätter gut waschen, eventuell in Salzwasser

* vorsichtig pflücken, damit der Baum nicht verletzt wird

* nur von wirklich eindeutig identifizierten Pflanzen sammeln; notfalls in einem Pflanzenführer nachschauen

* niemals Teile von unter Naturschutz stehenden Pflanzen nehmen!

Bäume in der Wirtschaft

Wenn wir in einer Liste (oder auf einem Poster) darstellen, wofür Bäume gebraucht werden, fällt uns zuerst das Holz ein: Bauholz für Häuser und Gerüste, Möbel, Werkzeuge, Boote, Holzschuhe, Bleistifte, Brennholz, Streichhölzer ...

Zur Demonstration verschiedener Holzarten steht den Kindern möglichst ein Hart- und ein Weich-holzblock gleicher Größe samt Werkzeugen zur Verfügung, an denen sie die Unterschiede erarbeiten. Weichholz (Kiefer, Fichte) läßt sich schon mit dem Fingernagel ritzen, die Jahresringe treten stark hervor, Nägel, Sägen, Feilen sind leicht zu handhaben. Der Block ist viel leichter ...

Nicht jeder Baum eignet sich für jeden Zweck. Festes, hartes Holz (z.B. Buche, Eiche) ergibt stark beanspruchbare Produkte wie langlebige Möbel und Fußböden. Das elastische Ulmenholz wird gerne für Möbel mit gebogenen Teilen verwendet. Hartes, feines Buchsbaumholz ist ideal für Instrumente, federleichtes Balsaholz toll für Flugzeugmodelle. Lindenholz kann man gut schnitzen.

Auch die kleinsten Holzspäne werden noch als Mulch, für billiges Papier und so weiter verbraucht. Holz ist viel leichter zu transportieren und zu verarbeiten als andere Rohstoffe. Es wächst bei richtiger Planung immer wieder nach und kann ohne Abfälle restlos verwertet werden.

Weitere Rohstoffe aus dem möglichen Erfahrungsbereich der Kinder sind: ätherische Öle, Terpentin (ein Lösungs- und Reinigungsmittel aus dem Saft von Nadelbäumen), Klebstoffe von Gummibäumen, Kolophonium zum Einstreichen der Bogen von Saiteninstrumenten aus dem Harz einer Kiefernart.

Baumrinde eignet sich zum Gerben: Besonders Eichenrinde enthält Stoffe, die Leder haltbar und geschmeidig machen. Die „Lohe“, die Gerbbrühe, hat sich in vielen Ortsbezeichnungen wie „Lohwald“ oder „Lohmühle“ erhalten. Daß Bäume auch Farbstoffe liefern, sehen wir auf Seite 56.

Palmblätter werden zu Körben und Hüttenwänden verflochten, die Fasern exotischer Bäume lassen sich zu Seilen winden. Die Fruchtkapseln des Kapokbaumes (Ceiba pentandra) liefern Füllmaterial für Kissen und Matratzen. Nicht zuletzt machen erst Bäume verödete Wüstengegenden wieder bewohnbar (Eukalyptus-Arten, Tamarisken) und liefern Nahrung für Nützlinge (z.B. Seidenraupen auf Maulbeerbäumen).

Möbel

Wir haben beim Rundblick durch die Wohnung festgestellt, daß auch heute noch die meisten Möbel aus Holz gefertigt sind. Auch ohne aufwendige Geräte können Kinder ab dem Grundschulalter ein paar kleine, improvisierte Teile selber herstellen. Zum Bearbeiten die Stücke in einen Schraubstock einspannen und mit den Werkzeugen vorsichtig umgehen! Zu zweit arbeitet es sich besser als allein.

Hängeregal

Material:

10 je 1-1,5 cm dicke, gleich lange Holzruten (zwischen 30 und 50 cm)

4 etwa 14-19 cm lange Holzleisten

Schnur

2 Dübel

Säge

Feilen

Schmirgelpapier

Die Holzruten nebeneinander auf die Arbeitsfläche legen. Sie brauchen nicht entrindet zu sein. Bambusstangen gehen auch. An beiden Enden wird jeweils unter und über den Ruten eine Holzleiste (oder dünnere Rute) angebracht, die 2 cm

über die Breite der aufgelegten Stäbe hinausragt. Zu zweit zuerst die Enden der 4 Leisten zusammenbinden. Die Schnur anschließend noch durch die einzelnen Stäbe schlingen, damit sie nicht mehr verrutschen.

Zum Aufhängen 2 etwa 50 cm lange Schnurstücke an den Leisten festknoten. Oben nochmals eine Schlaufe knoten und daran in gleicher Höhe an 2 Dübel an die Wand hängen (von einem Erwachsenen befestigen lassen).

Noch einfacher wird das Regal, wenn statt der Ruten ein fertig zugeschnittenes Brett (Reste von Wandverkleidung o.ä.) verwendet wird, das nur an den Schnittkanten gefeilt und geschmirgelt werden muß. Damit die Schnur nicht verrutscht, erhält das Brett zum Einhängen 4 Einkerbungen.

Ständer

Material:

Eimer oder Blumentopf

knorriger, großer, trockener Ast

Gips

Sand

Wasser

alter Plastikeimer und Stab zum Anrühren des Gipses

Alles, was sonst störend im Weg liegt, wird an diesem Ständer aufgehängt: Taschen, Fotoapparate, Sportgeräte ... Die Herstellung ist allerdings schon ein bißchen aufwendiger und wird von der ganzen Gruppe gemeinsam ausgeführt.

Benötigt wird ein knorrig gewachsener, trockener Ast mit vielfachen Verzweigungen. Oft liegen solche Gebilde nach dem Winter schon vom Wetter entrindet und schön ausgebleicht im Wald. Nur altes Holz verwenden, frisches ist zu schwer. Den Ast gut trocknen lassen und bei Bedarf mit Feile und Schmirgelpapier glätten.

Mehrere Kilo Gips und ein Gefäß (Metalleimer; großer Blumentopf, dessen Loch von innen mit einer Pappscheibe zugeklebt wird) bereitstellen. Der Ast wird hineingestellt und dabei so an die Wand gelehnt, daß er ohne zusätzliches Halten stehen bleibt. Das Gefäß teilweise mit Steinen oder Ziegelresten füllen. Den Gips portionsweise (für die erste Ladung vielleicht 2 kg) in einer alten Plastikschüssel oder einem Eimer genau nach Vor-

schrift mit Wasser mischen und rühren bis keine Klumpen mehr vorhanden sind. Brei sofort ins Gefäß gießen. Der Stamm in der Mitte darf dabei nicht mehr verrutschen. Der Brei wird schnell hart. Weiteren Gips anrühren (falls vorhanden, den Brei mit etwas Sand mischen, damit nicht soviel Gips verbraucht wird) und bis kurz unter den Rand ins Gefäß füllen. Oberfläche mit Sand bestreuen, damit sie später erdig aussieht. Alle benutzten Geräte bitte sofort reinigen, bevor die Gipsreste hart werden. Das Ganze muß einige Tage stehen bis der Gips durchgehärtet ist. Sandreste abschütteln.

Hocker

Mit etwas Glück gibt es beim Förster oder im Sägewerk runde oder behauene Holzabschnitte, die ohne weitere Bearbeitung als handfeste Hocker für den Hof oder Garten Verwendung finden. Sie sollten etwa zwischen 20 und 40 cm hoch sein. In einem kühlen Raum sehr gut trocknen! Dann die Schnittfläche (Sitzfläche) mit einer Handsäge und groben Feile von eventuellen Splittern befreien und glätten. Nadelholz wird meist nicht ganz glatt und kann außerdem harzen. Eventuell mit passend zugeschnittenen, eingefaßten Stoffplatten belegen. Nach Belieben können die Kinder auch noch eine Holzlatte als „Lehne" annageln.

Garderobe

Oft liefern Äste Garderobenleiste und -haken in einem. Ein trockener Ast mit mehreren in die gleiche Richtung weisenden Abzweigungen (etwa 5 cm dick) ist ideal. Hinten wird er eventuell mit der Säge (hier muß ein Erwachsener helfen) etwas abgeflacht und erhält Löcher zum Aufhängen (Standbohrmaschine). Die Kinder sägen unerwünschte Äste ab, schnitzen die Rinde weg und glätten das Ganze mit Schmirgelpapier.

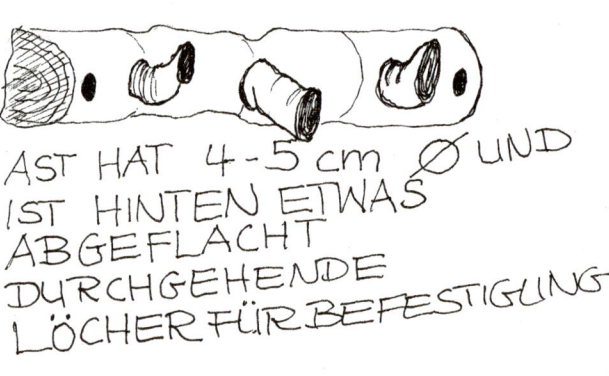

AST HAT 4-5 cm Ø UND IST HINTEN ETWAS ABGEFLACHT
DURCHGEHENDE LÖCHER FÜR BEFESTIGUNG

AST LÄNGS HALBIEREN

ZWEI LÖCHER

Kirschkern-Kissen

Material:

Kirschkerne

Stoffreste

Nähgarn

Nähnadel

Schere

HIER FALTEN

20cm

38cm

NÄHEN

WENDEN

FÜLLEN UND ZUNÄHEN
SAUM NACH
INNEN SCHLAGEN

Diese Bastelei kann nur im Sommer durchgeführt werden, wenn massenweise Kirschen gegessen und entsprechend viele Kerne gesammelt werden können. Eine Schüssel Kerne ein paar Stunden in Wasser einweichen, gut durchrütteln, damit sich das restliche Fruchtfleisch löst, durchspülen und an der Sonne trocknen lassen.

Für den Kissenbezug wird ein etwa 20 x 38 cm großer Stoffrest, der in der Mitte gefaltet ist, von der Rückseite aus an beiden Seiten zu einer Art Beutel zusammengenäht. Die Naht ist etwa 1 cm breit. Den Beutel umstülpen, so daß die schöne Stoffseite außen liegt. Die getrockneten Kerne einfüllen, den Stoff an der offenen Seite etwa 1 cm nach innen umfalten und zunähen. Die Nähte sind auch mit der Hand schnell gemacht, wenn keine Maschine vorhanden ist.

Die Kirschkerne speichern sehr gut Wärme. Das Kissen wird im Winter auf der Heizung vorgewärmt und dann ähnlich wie eine Wärmflasche verwendet. Manche Leute legen es sich bei Erkältung auf die Brust, damit sie schön warm werden.

Was man sonst noch mit Kirschkernen machen kann? Natürlich einen Weitspuck-Wettbewerb!

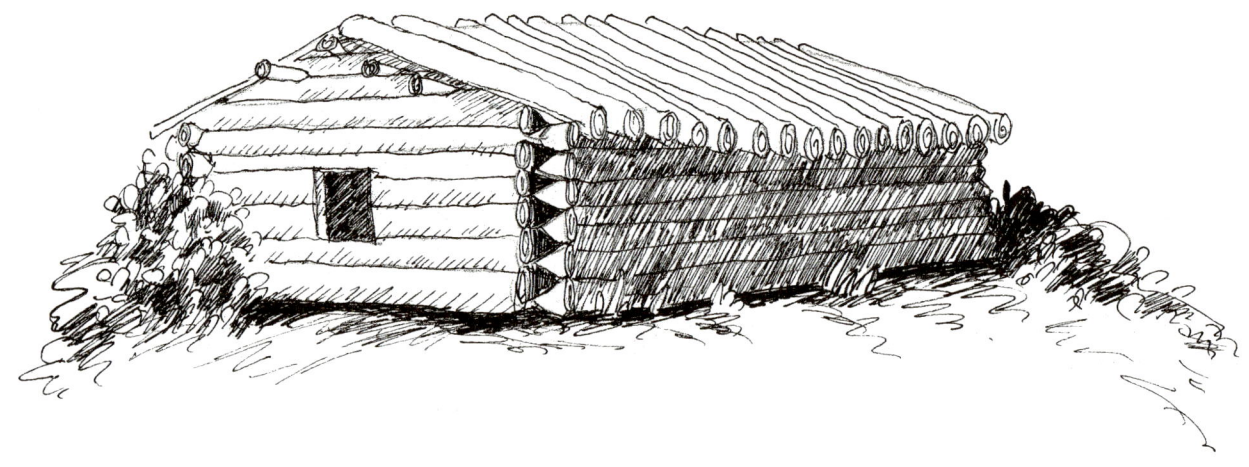

Wohnen in Bäumen

Nicht nur Möbel, auch ganze Häuser werden seit Jahrtausenden in baumreichen Regionen aus Holz gebaut. Viele Kinder kennen aus dem Urlaub oder von Bildern die dunkelbraunen Bauernhäuser und Heustadel der Alpen sowie die bunten Holz-häuschen in Skandinavien, die oft sogar ein grasbewachsenes Dach haben.

Holz ist viel leichter zu transportieren und zu verarbeiten als Stein. Im Wilden Westen konnte ein geübter Trapper angeblich eine ganze roh gezimmerte Blockhütte in einem Tag errichten. Für die Wände legte er die runden oder rechteckig behauenen ganzen Baumstämme aufeinander. Damit sie zusammenhielten, wurden sie an den Ecken ver-zahnt. In die Ritzen stopfte er Moos oder Lumpen.

Heute sind echte Holzhäuser wieder aktuell, weil sie ein gesundes Wohnklima haben, schön aussehen und besonders umweltverträglich sind.

Die Kinder würden auch das Wohnen in echten Holzhäusern gern ausprobieren. Das Bauen von lebensgroßen Hütten scheitert meist an Holzmangel. Vereine und Projektgruppen stellen manchmal Platz und Material für echte Holzhütten und sogar Baumhäuser zur Verfügung (Auskunft geben Stadtjugendämter, Volkshochschulen und private Initiativen).

Etwas improvisierter wohnt es sich mit Zelten unter Bäumen (Decken oder alte Gardinen mit Hilfe von abgespannten Schnüren oder Bohnenstangen unter die Zweige hängen).

Zumindest im Modell lassen sich richtige Häuser aus Holz sehr leicht nachbauen. Die Gruppe sucht viele kleine runde Asthölzer im Wald zusammen. Weiterhin benötigen wir Schnur, eventuell feine Nägel, kleine Holzsägen, Astscheren und Feilen. Phantasiemodelle entstehen am besten im Freien auf weichem Boden, in dem „Palisaden" und Pflöcke einfach halten. Größere Kinder suchen in Büchern über andere Völker hölzerne Behausungen und bauen sie nach: Schilfhütten mit Grasdach, Pfahlbauten auf hölzernen Stelzen im Wasser, Blockhütten der Trapper, Baumhäuser im Blumentopf und so weiter.

Kork

Wir kennen dieses Material als isolierenden Wand- und Fußbodenbelag - und natürlich als Flaschenverschluß. Kork ist die Rinde von Korkeichen (Quercus suber), die besonders im westlichen Mittelmeerraum (Südspanien und Portugal) wachsen. Die vollkommen wasserundurchlässige Korkschicht verhindert, daß der Stamm in dem warmen Klima austrocknet. Für die Weiterverarbeitung muß die abgeschälte Rinde gekocht oder gedämpft werden, damit sie weicher wird.

Solch eine Korkschicht wächst sehr langsam. Erst nach etwa 20 Jahren kann der Baum das erste Mal geschält werden, später dann alle paar Jahre.

Mittlerweile gibt es Sammelstellen, die aus Korkresten hochwertiges Isoliermaterial herstellen. Kork isoliert hervorragend gegen Kälte und Schall, ist elastisch und gleichzeitig fest - so fest, daß er nicht mal im Kompost zersetzt wird. Außerdem schwimmt er.

Basteln mit Kork

Meist sammelt sich Kork im Haushalt in Form von Weinstöpseln an. Für viele Arbeiten müssen die Korken zunächst durchbohrt werden. Das geht am besten, wenn man sie einzeln in eine Tischbohrmaschine einspannt und mit einem 5-mm-Bohrer senkrecht durchbohrt. Das Loch schließt sich zwar gleich wieder, kann aber mit einer Stopfnadel leicht durchstochen werden.

Je nach Menge lassen sich die Korken zu verschiedenen Gegenständen aneinanderreihen:

Schwimmbad-Schmuck

Eine Reihe auf dünne Schnur gefädelte Korken ergibt eine Kette, die sogar im Schwimmbad getragen werden kann!

Korksitz

Korken zu einer Matte zusammenbinden. Dazu werden erst alle Korken in Zweierreihen verknotet, diese aneinandergelegt und schließlich mit kürzeren Schnüren noch quer verstrebt. So entsteht ein toller Isolier-Sitz für Wanderungen - oder auch eine Matte zum Abstellen von heißen Töpfen auf dem Eßtisch. Zum Zusammenbinden wird dünne Paketschnur aus Naturfasern und eine dicke Stopf- oder Teppichnadel verwendet.

Tiere

Auf ähnliche Weise entstehen aus mehreren Korken Schwimm-Tiere für die Badewanne oder den Badeteich. Mit angespitzten Streichhölzern zusammengesteckte Korken sind am einfachsten zu arbeiten. Der Kork läßt sich mit einem scharfen Küchenmesser gut schneiden. Dabei auf die Finger achten! Löcher für die Streichhölzer am besten mit einer Ahle oder einem Nagel vorstechen.

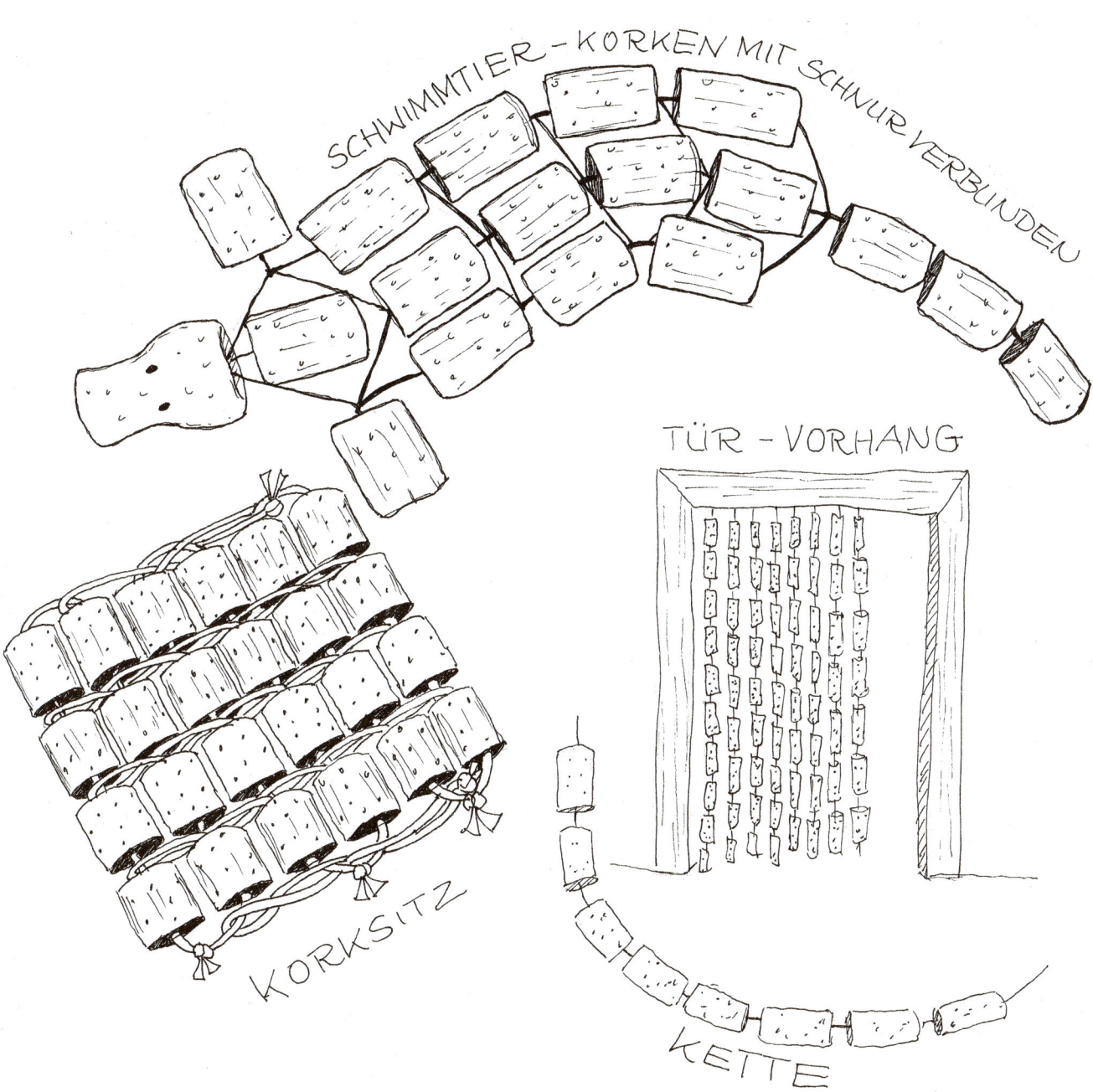

Duftende Bäume

Auch Düfte sind Rohstoffe. Viele Kinder kennen aus Bäumen gewonnene Duftstoffe (Fichte z.B. als Badezusatz, Eukalyptus zum Inhalieren bei Erkältungskrankheiten, Flieder und Sandelholz für Seife, Zitrone für Reinigungsmittel, Orangenblüten für Parfüm). Der Wald verströmt einen betörenden Duft - speziell an heißen Sommertagen und bei Regenwetter. Bäume enthalten wie viele andere Pflanzen auch, ätherische Öle (winzige kleine Ölkügelchen, die sehr intensiv riechen). Am stärksten duften Nadelbäume (Tannen, Fichten, Lärchen, Zedern, Wacholder). Auch Holz und Rinde riechen oft sehr angenehm. Möbel aus Zirben- oder Lindenholz schaffen dadurch jahrelang eine Waldatmosphäre. Zedern- oder Sandelholzstücke, in Schränke gelegt, sollen durch ihren herben Duft Insekten vertreiben.

Andere Bäume und Sträucher haben stark duftende Blüten: Flieder, Jasmin (giftig), Holunder, Schneeball (giftig), Seidelbast (giftig), Weißdorn. Das Harz - der aus frischen Wunden tretende klebrige Saft der Bäume - riecht sehr intensiv nach Wald. Das süßliche Harz von Kirschbäumen wurde früher auch Katzengold genannt. Harz des aus dem Nahen Osten und Afrika stammenden Weihrauchbaums wird getrocknet und für Räucherungen verwendet. Schließlich duftet auch noch das Eichenmoos, das an manchen Bäumen wächst.

Exotische, duftende Rohstoffe aus der Küche wie Zitronen- und Orangenschale, Zimtrinde, Gewürznelken und Lorbeerblätter stammen ebenfalls von Bäumen.

Wir wollen unsere ganze Umgebung „dufte" beleben:

Lesezeichen

Duftende Blätter (Lorbeer) oder flache Zweige (Kistentanne) oder Zweigchen mit duftenden Blüten (Jasmin) als Lesezeichen in ein Buch legen. Sie werden dabei platt und erinnern immer an den Baum, von dem sie stammen.

Düfte raten

Für dieses Spiel werden verschiedene, stark duftende Baumteile in Joghurtbecher gefüllt: Zitronenschale, Fichtennadeln, zerstoßene Wacholderbeeren, Zimt, frische Rindenstücke, Holunderblüten, Lorbeerblätter und so weiter - je nach Jahreszeit. Ein Kind riecht mit verbundenen Augen an den Bechern und soll raten, von welchen Bäumen die Düfte stammen.

Duftbeutel

Potpourris in kleine bunte, quadratische Stoffreste oder hübsche Taschentücher füllen, mit einer Schleife zu kleinen Säckchen zusammenbinden. In den Kleiderschrank legen.

Potpourris

„Potpourri" ist französisch und bedeutet eigentlich „Stinktopf". Mehrere Duftstoffe werden vermischt und - wenn vorhanden - mit ein paar Tropfen eines passenden ätherischen Öls beträufelt. Gute Mischungen entstehen aus Zitronen- und Orangenschalen (spiralig schneiden), Zimtrinde, zerstoßenen Gewürznelken, Nadelzweigen, zerquetschten Wacholderbeeren, duftender Rinde und Rindenbast (z.B. von Linden) sowie duftendem Holz (Buchsbaum, Sandelholz). Das Ganze wird in eine Schale gefüllt und mit besonders schönen Pflanzenteilen wie Tannenzapfen, grünen Blättern und spiralig geschnittener Orangenschale dekoriert.

Zitronenkugeln

Toll wirken mit dem Linolschneidemesser verzierte Zitronen. Zum Bearbeiten müssen sie noch ganz frisch sein. Die Frucht fest in der Hand halten und das Messer immer vom Körper weg führen. Früchte spiralig umrunden oder Phantasiemuster einschnitzen. Das Fruchtfleisch selbst darf dabei nicht verletzt werden. Solche Zitronen lassen sich an einem Band aufhängen (Drahtöse oben durch die Schale ziehen) oder werden zu mehreren in eine Schale oder auf ein Potpourri gelegt.

Orangensterne

Orangen- und Mandarinenschale ist viel zu schade zum Wegwerfen. Große, zusammenhängende Stücke abschälen und mit dem Küchenmesser auf einem Frühstücksbrett als Unterlage Sterne oder sonstige Figuren aus der Schale schneiden. Diese „Duftsterne" in eine Glasschale legen oder einzeln an Nähseide in der Nähe der Heizung aufhängen. Sie schrumpfen mit der Zeit ein, behalten aber ihre frische Farbe.

Duftende Glückwunschkarten

Mit dicker Schnur und mit Hilfe einer Stopfnadel flache, duftende Pflanzenteile (Blätter, dünne Sandelholz-Plättchen, Fichtenzweige) auf eine gefaltete Glückwunschkarte binden. Zum Durchstechen die Karte auf ein Stück Pappe legen. Statt mit der Schnur können die Teile auch mit einem ungiftigen Haushaltskleber auf dem Karton befestigt werden.

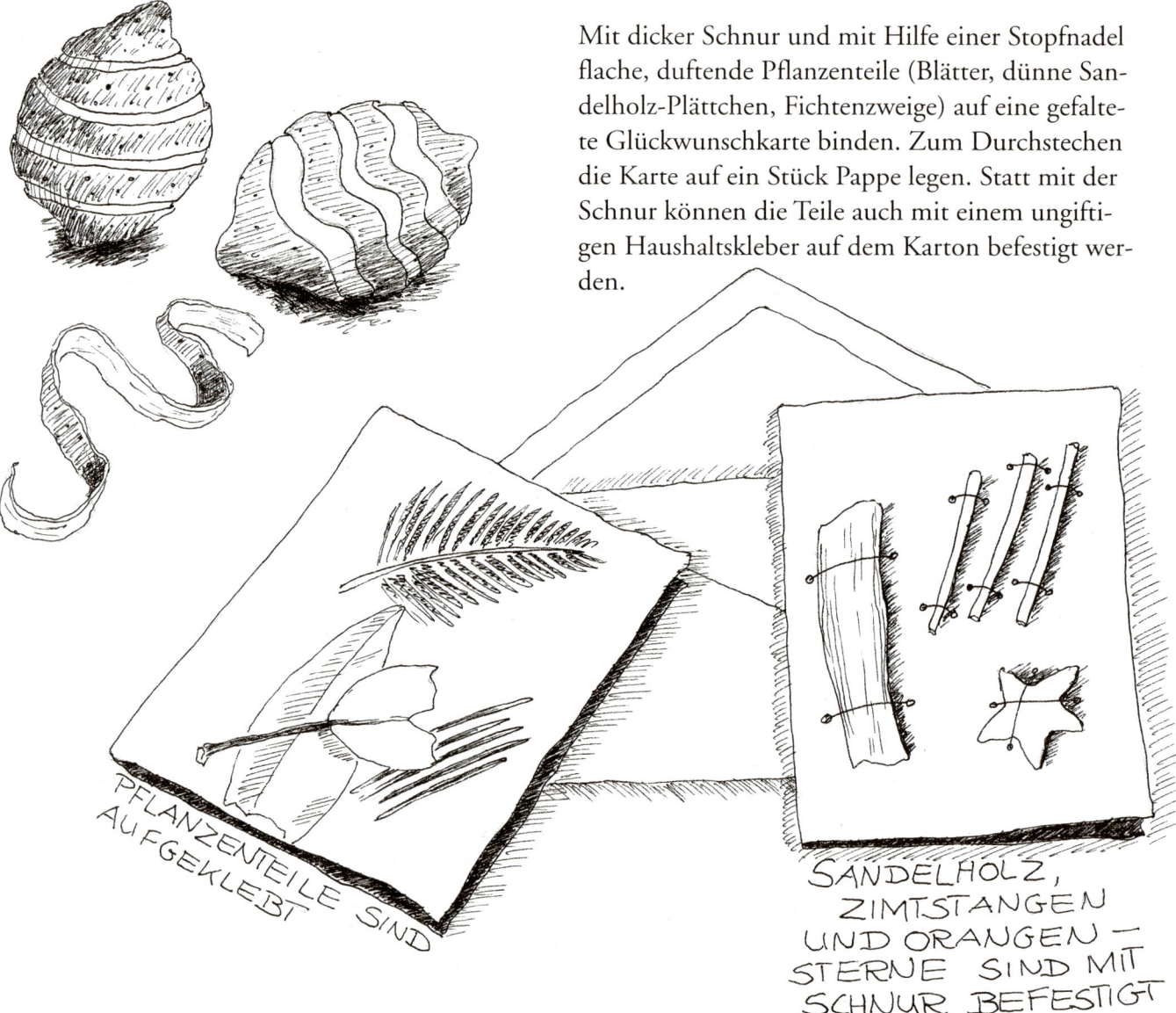

PFLANZENTEILE SIND AUFGEKLEBT

SANDELHOLZ, ZIMTSTANGEN UND ORANGEN – STERNE SIND MIT SCHNUR BEFESTIGT

Duftbad

Ein entspannendes Bad, wenn man mal sehr erschöpft ist, macht man mit Kiefern- oder Fichtennadeln, ein belebendes aus den hellgrünen Maiwipfeln von Fichten. Nadeln und Wipfel von frisch gefällten Bäumen nehmen (sie halten ein paar Tage auf Vorrat). Die Nadeln abstreifen, in einer Schüssel mit kaltem Wasser reinigen, falls sie schmutzig sind. Für ein nicht ganz volles Bad reicht eine große Müslischüssel mit Nadeln. In einem Topf mit 1-2 l kochendem Wasser überbrühen (hier sollte ein Erwachsener helfen), eine Viertelstunde zugedeckt ziehen lassen und dann mit dem heißen Badewasser mischen.

Räuchern

Im Winter Tannen- oder Wacholderzweige auf einem Metallteller oder -tablett auf den Ofen oder die Heizung legen. In der Wärme fangen sie stark zu duften an. Allerdings muß dabei jemand im Raum bleiben, damit nichts passiert.

An dunklen Wintertagen war es früher üblich, Tannenzweige im Haus zu verbrennen. Ein paar kleine Zweigchen auf ein Alu-Tablett oder einen Rest Alufolie (Recycling!) legen und anzünden.

Die Unterlage muß so groß sein, daß keinesfalls brennende Teile herunterfallen können. Die Zweige glimmen eine Zeitlang vor sich hin und verbreiten ihren starken Duft im Raum.

Zedernblöcke

In Naturkosmetikläden etc. gibt es kleine Klötzchen aus schön gemasertem Zedernholz zu kaufen. Das Holz läßt sich mit einem Taschenmesser schnitzen, feilen, durchbohren und bemalen. Zum Bearbeiten in eine Schraubzwinge einspannen und die Geräte immer vom Körper weg führen. An eine bunte Kordel gehängt, entsteht ein reizendes, kleines Geschenk. Das Holz wird gegen Motten in den Kleiderschrank gehängt und duftet jahrelang. Schöne Lochmuster entstehen mit der Bohrmaschine. Kleine Kinder bemalen die Blöcke sparsam mit Deckweiß.

Auch andere Duftstoffe aus Bäumen finden praktische Verwendung:

Walnuß, Kastanie, Holunder, Linde verströmen Aromen, die Insekten fernhalten. Deshalb beschirmen sie besonders oft Rastbänke und Biergärten.

Bäume gibt's auch anderswo

Viele der Baum-Produkte, mit denen wir täglich in Berührung kommen, stammen aus anderen Ländern. Wir schauen in unserer Umgebung nach bzw. überlegen, was uns im Alltag begegnet: Früchte (Datteln, Feigen, Orangen, Zitronen, Kokosnüsse, Avocados); Möbel aus ausländischen Hölzern (Mahagoni, Teak; aber auch schlichte Kiefern- und Fichtenmöbel stammen oft aus Skandinavien oder Rußland); Kosmetikprodukte (Avocadoöl, Sandelholzseife), Schmuckstücke aus exotischen Hölzern und Kokosnuß ... Zur Verdeutlichung fertigen wir eine Collage mit solchen Gegenständen an (als großes Poster malen oder aus Zeitschriften ausgeschnittene Bilder aufkleben).

Anschließend finden wir im Atlas oder mit Hilfe einer botanischen Karte heraus, wo alle diese Dinge herkommen und welche Bäume es anderswo gibt. Bilder von Regenwäldern, Plantagen etc. unterstützen das Verständnis. Auch die nordischen Nadelwaldgürtel sollten nicht vergessen werden. Dabei wird klar: In anderen Regionen der Welt sehen die Wälder ganz anders aus als bei uns. Greifen wir ein spektakuläres Beispiel heraus:

Im Regenwald

Rund um den Äquator, wo es das ganze Jahr über heiß und feucht ist, wuchern undurchdringliche tropische Regenwälder mit unvorstellbar vielen Pflanzenarten. Das ist um so erstaunlicher als der Boden dort nur aus einer ganz dünnen Humusschicht besteht, in der sich Baumriesen mit flachen Wurzelsystemen richtig festkrallen müssen.

Die kleineren und jüngeren Bäume bekommen nur sehr wenig Licht und haben sich durch riesige Blattflächen daran angepaßt. Andere kleinere Pflanzen sind als Kletter- und Aufsitzerpflanzen auf die Bäume gezogen. Solche „Epiphyten" werden bei uns oft als Zierpflanzen in Hängekörben im Blumenfenster gehalten. In den schüsselartigen Blättern solcher Pflanzen wiederum sammelt sich Wasser und Humus, so daß Tiere (sogar kleine Frösche und Kaulquappen) davon leben können.

Es gibt 3 Sorten von Tropenwäldern:

Die *immergrünen Feuchtwälder* in tieferen Lagen mit viel Regen entsprechen genau unseren Vorstellungen von einem „Urwald". Die oft über 50 m hohen Bäume werfen ihre Blätter nie alle gleichzeitig ab. Weltweit gibt es 4 Millionen Quaratkilometer davon - besonders im südamerikanischen Amazonas- und Orinokobecken, an der Westküste Afrikas, in Thailand, Malaysia, Indonesien, aber auch an der Ostküste Australiens. In gebirgigen Gegenden gehen diese Wälder in Berg- und Nebelwälder über.

Die sogenannten *regengrünen Feuchtwälder* (weltweit etwa 2,5 Millionen Quadratkilometer) haben eine deutliche Trockenzeit von 2 bis 5 Monaten. Die Bäume werfen während dieser Zeit - wie bei uns - alle ihre Blätter ab.

Regengrüne Trockenwälder machen den größten Teil des Regenwaldes aus (über 5 Millionen Quadratkilometer). In der langen Trockenperiode werfen die mit etwa 20 m Höhe recht kleinen Bäume hier ebenfalls das gesamte Laub ab.

Was gehen uns nun die Wälder in anderen Erdteilen an? Warum wird so viel davon gesprochen? Erstens enthalten sie einen enormen und teilweise noch gar nicht erforschten Bestand an Tier- und Pflanzenarten. Beispielsweise kommen allein im Amazonasgebiet über 500 Baumarten auf einem Hektar Fläche vor (bei uns dagegen nur 60). Auch viele Arzneipflanzen gedeihen dort. Zweitens beeinflußt der Tropenwald das Klima der gesamten Erde - also auch bei uns. Die riesigen Blattmassen geben in der Wärme so viel Wasserdampf ab, daß sich Wolken bilden. Durch die Luftströmungen gelangen diese auch in andere Regionen und regnen sich dort aus. Wenn die Wälder fehlen, gerät das ganze Klima durcheinander.

Die Bäume filtern die verschmutzte Luft der ganzen Erde und produzieren Sauerstoff für alle.

Von den Menschen im Urwald schließlich, die zu den letzten Naturvölkern gehören, lernen wir wie man die Möglichkeiten der Natur sinnvoll und schonend nutzen kann. Alles, was sie zum Leben brauchen, liefert der Wald.

Wir überlegen, welche Dinge dies sind (Kleidung, Nahrung, Heilmittel, Waffen und Werkzeuge, Baustoffe für Häuser und Hütten), und malen eine Hütte samt Inneneinrichtung, Spielzeug und allem Komfort, die nur aus Holz, Kokosnüssen, großen Blättern und ähnlichem Material besteht.

Die komplexe Problematik von Ausbeutung der Naturvölker, Monokulturen und Abholzung des Regenwaldes kann am Rande angedeutet werden.

Dabei kommen Sie vielleicht auch auf Dritte-Welt-Läden und -Initiativen zu sprechen, die sich um eine direkte Vermarktung tropischer Früchte und Genußmittel (Tee, Kaffee, Kakao, Schokolade) bemühen. Die Kinder überlegen, welche tropischen Baumprodukte sie unbedingt brauchen und auf welche sie verzichten könnten.

Nach diesen einführenden Überlegungen wird das Thema auch praktisch erfahrbar gemacht:

Tropischer Baumtag

Diese Aktion eignet sich besonders für den Winter, wenn die einheimischen Bäume „schlafen" und nicht so sehr zur Erforschung locken. Nachdem anhand von Geschichten und Bildern die Wälder und Bäume der exotischen Regionen unserer Erde bekannt gemacht wurden, gehen wir auf eine Stadtexpedition.

Die Kinder „reisen" am Morgen als „Expeditionsteilnehmer", entsprechend mit Notizblock, Zeichenstift, Lupe etc. ausgerüstet, ins Tropenhaus des nächstgelegenen Botanischen Gartens. Sie erleben dort hautnah nicht nur viele Baumarten, sondern auch das dazugehörige feuchtheiße Klima. Teilweise tragen die Zweige sogar Blüten und Früchte.

Anschließend wird bei einem Streifzug über den Wochenmarkt Ausschau nach exotischen Baumprodukten gehalten: Welches Obst, welche Nüsse, aber auch Schoten, getrocknete Blüten (oft als Dekomaterial verkauft) finden ihren Weg bis zu uns? Einiges wird gemeinsam eingekauft.

Wieder zurück, schnipseln die Kinder am Mittag beispielsweise den nachfolgend beschriebenen exotischen Obstsalat. Dazu gibt es Rooibuschtee. Beim Essen fängt dann ein Kind zu erzählen an, was es im „Tropenwald" alles erlebt hat ...

Später werden die gesammelten Kerne aus dem Obst genauer betrachtet und zum Keimen vorbereitet. Hier ruhig reichlich Material verwenden, da nie alle Samen gedeihen! Alternativ dazu kann ein Tropen-Glas angelegt werden.

Exotischer Imbiß

Kokosmilch

Zutaten:

frische Kokosraspel

Wasser

Kokosnüsse enthalten beim Öffnen oft noch etwas Kokosmilch. Aus dem frischen Fleisch kann ein ähnlich schmeckendes Getränk zubereitet werden. Weißes Fruchtfleisch aus der zersägten oder zerschlagenen Nuß kratzen (hier muß ein Erwachsener helfen), holzige Außenhaut dünn abschneiden. Kokosfleisch auf der Gemüsereibe fein raspeln. Pro Portion etwa 50 g Raspel in 0,2 l Wasser einrühren, kurz aufkochen, etwas köcheln lassen. Durch ein Sieb abseihen und kalt servieren. Schmeckt auch ohne Zucker süß.

Frisches Kokosfleisch kann übrigens in Spalten roh oder in der Pfanne gebraten gegessen werden. Etwas aufwendiger sind Kokosmakronen aus der Raspel.

Tropischer Obstsalat

Zutaten:

exotische Obstsorten (Mango, Orange, rosa Grapefruit, Pflaumen etc.)

Trockenfrüchte (Datteln, Feigen, Aprikosen)

versch. Nußsorten

Kokosraspel oder -spalten

nach Belieben: Zimt, Vanille

Exotische Obstsorten (Mango, Orange, rosa Grapefruit, Pflaumen etc.) würfeln und mischen. Dabei möglichst milde, süße, mehlige und säuerliche Früchte miteinander kombinieren. Mit gewürfelten Trockenfrüchten und verschiedenen Nußsorten mischen. Auch Kokosraspel oder -spalten passen dazu. Nach Belieben mit einem Hauch Zimt, Vanille und etwas Orangensaft abschmecken. In halben Orangenschalen servieren. Oder die Früchte etwas größer würfeln und auf hölzerne Schaschlikspieße stecken.

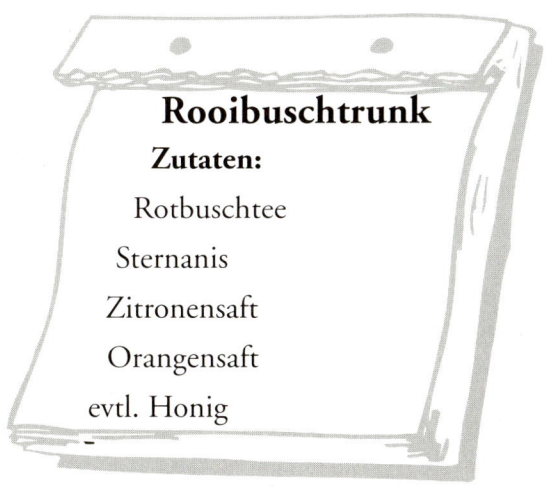

Rooibuschtrunk

Zutaten:

Rotbuschtee

Sternanis

Zitronensaft

Orangensaft

evtl. Honig

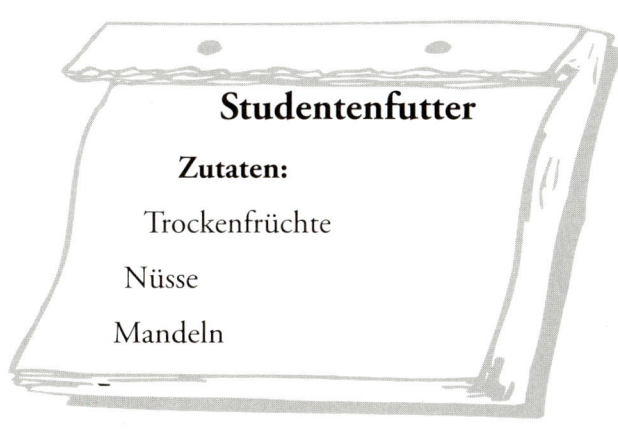

Studentenfutter

Zutaten:

Trockenfrüchte

Nüsse

Mandeln

Rooibusch- oder Rotbuschtee stammt von einem aromatischen südafrikanischen Strauch, ist sehr gesund, schmeckt ähnlich wie schwarzer Tee, enthält aber kein Teein. Pro Tasse 1/2 Tl Tee und ein Stückchen Sternanis mit kochendem Wasser überbrühen und etwa 10 Minuten zugedeckt ziehen lassen. Mit einem Spritzer Zitronensaft und einem guten Schuß Orangensaft heiß oder kalt servieren. Süßmäuler geben noch etwas Honig hinzu.

Beliebige Trockenfrüchte - möglichst eine bunte Mischung - in Würfelchen schneiden und mit gemischten Nüssen und Mandeln in Kokosnußschalen (Seite 46) anrichten.

Bäume aus Kernen

Viele Kerne und Samen exotischer Früchte keimen leicht:
Dattel- und Mangokerne stecken die Kinder in Blumentöpfe mit normaler Blumenerde. Damit sie es schön warm haben, bekommen sie zunächst eine Haube aus einer durchsichtigen Plastiktüte, in die ein paar Löcher gepiekst werden. Grün aussehende Zitronen- und Mandarinenkerne keimen manchmal, wenn sie ein paar Tage in einer Schale mit feuchter Watte liegen, über die eine Glasschüssel gestülpt wird. Nach dem Keimen in Töpfchen umsetzen und warm stellen.

Avocadokerne werden um den „Bauch" herum an 3 Stellen mit dem Messer angepiekst. In die Löcher kommen angespitzte Streichhölzer. Daran zur Hälfte in ein Glas mit Wasser hängen. Nach ein paar Wochen bilden sich Wurzeln und Blätter. Wenn sich die Pflanze schön verzweigen soll, wird sie oben ausgezwickt.

Alle Keimlinge hell und warm stellen.

Regenwald im Glas

In einem großen Glas sind die feuchtwarmen Bedingungen des Regenwaldes gut nachzuahmen. Sie brauchen dazu ein sehr geräumiges Einkochglas oder eine weithalsige Ballonflasche, die die Kinder alle zusammen bestücken: zunächst eine etwa 2 cm dicke Schicht Sand oder feinen Kies einfüllen, darauf etwa 10 cm nährstoffreiche Blumenerde. Der Sand nimmt überschüssiges Wasser auf, damit die Wurzeln nicht faulen. Das Glas kann mit echten Urwaldpflanzen wie Bromelien, aber auch mit Ablegern von normalen feuchtigkeitsliebenden Zimmerpflanzen bestückt werden. Blumenfreunde in der Bekanntschaft schenken sicher gern überschüssige Pflänzchen und helfen bei der richtigen Auswahl. Ideal sind langsam wachsende Arten, die das Glas nicht zu schnell zuwuchern. Mit einem Stab wird für jede Pflanze eine kleine Mulde in die Erde gedrückt. Die Kinder setzen die Pflänzchen vorsichtig hinein (mit Stäben, wenn der Flaschenhals zu eng ist) und drücken die Erde um die Wurzeln fest. Das Glas darf nicht zu dicht und höchstens bis zur Hälfte der Höhe bepflanzt werden.

Gießen Sie den „Urwald" gut an. Er soll aber nicht schwimmen! Verschließen Sie die Öffnung mit durchsichtiger Plastikfolie, in die einige Löcher gepiekst werden. Jetzt braucht wochenlang nicht gegossen zu werden, denn es entsteht ein Kreislauf wie im richtigen Regenwald: Die Pflanzen nehmen das Wasser und damit im Boden gelöste Nährstoffe durch die Wurzeln auf und „schwitzen" es durch die Blätter wieder in die Luft. Die Feuchtigkeit schlägt sich an Blättern und Wänden in Form von Wassertropfen nieder, bildet also eine Art Regen. Der „Regen" bewässert wieder die Erde, die Pflanzen können durch die Wurzeln von neuem Wasser aufnehmen. Das Glas steht hell, aber nicht zu warm. Alle paar Tage schauen die Kinder nach, ob die Pflanzen noch in Ordnung sind. Faule Blätter werden entfernt. Der Kreislauf im Glas funktioniert nicht ewig, denn nach etwa einem Jahr sind die Nährstoffe verbraucht und der Boden muß neu gedüngt werden.

Basteln mit Kokosnüssen

Die Schalen der im Lauf des Winters vernaschten Kokosnüsse fordern zu Bastelarbeiten geradezu heraus. Von Erwachsenen mit einer feinen Holzsäge glatt auseinandergeschnitten (längs oder quer oder nur einen „Hut" absägen), entstehen daraus viele Gebrauchsgegenstände und Instrumente. Möglichst sammeln die Kinder auch zu Hause Schalen.

Die Schale ist sehr hart und kann schön poliert werden. Schon kleinere Kinder zupfen gern die harten Fäden von der Schale und glätten die Ränder mit kleinen Feilen und Schmirgelpapier. Für Dinge im „Urwald-Stil" bleiben die rauhen Fasern an der Außenschale, für elegantere Gegenstände werden sie abgerissen.

Halbierte Nüsse ergeben Trinkgefäße, Naschschalen und kleine Blumentöpfe. Nüsse mit abgeschnittenem Deckel werden zu Dosen (Unterseite ebenfalls glatt abschneiden, so daß sie stehen). Mit einer Hängevorrichtung aus Schnur (eventuell mit der Bohrmaschine drei Löcher am oberen Rand bohren) entstehen Blumenampeln, die die Kinder nach Belieben bepflanzen und alle zusammen ins Fenster hängen. Kleine Zimmerpflanzen gedeihen in diesem natürlichen Untersatz prächtig.

Zerspringt mal eine Nuß, ist es auch nicht schlimm. Die unterschiedlich geformten „Scherben" werden poliert, auf der Rückseite mit einer Broschennadel aus dem Bastelladen beklebt oder wie ein Anhänger oben mit zwei Löchern durchbohrt und als Schmuck getragen. Das Polieren erfordert Geduld und ist eher etwas für Schulkinder.

Sogar die rauhen Kokosfasern der Schale, die in der Industrie für Seile und Bürsten Verwendung finden, werden noch gebraucht: Die Kinder binden sie zu kleinen Büscheln an einen Holzstiel und haben ausgefallene, borstige Pinsel für experimentelle Malaktionen.

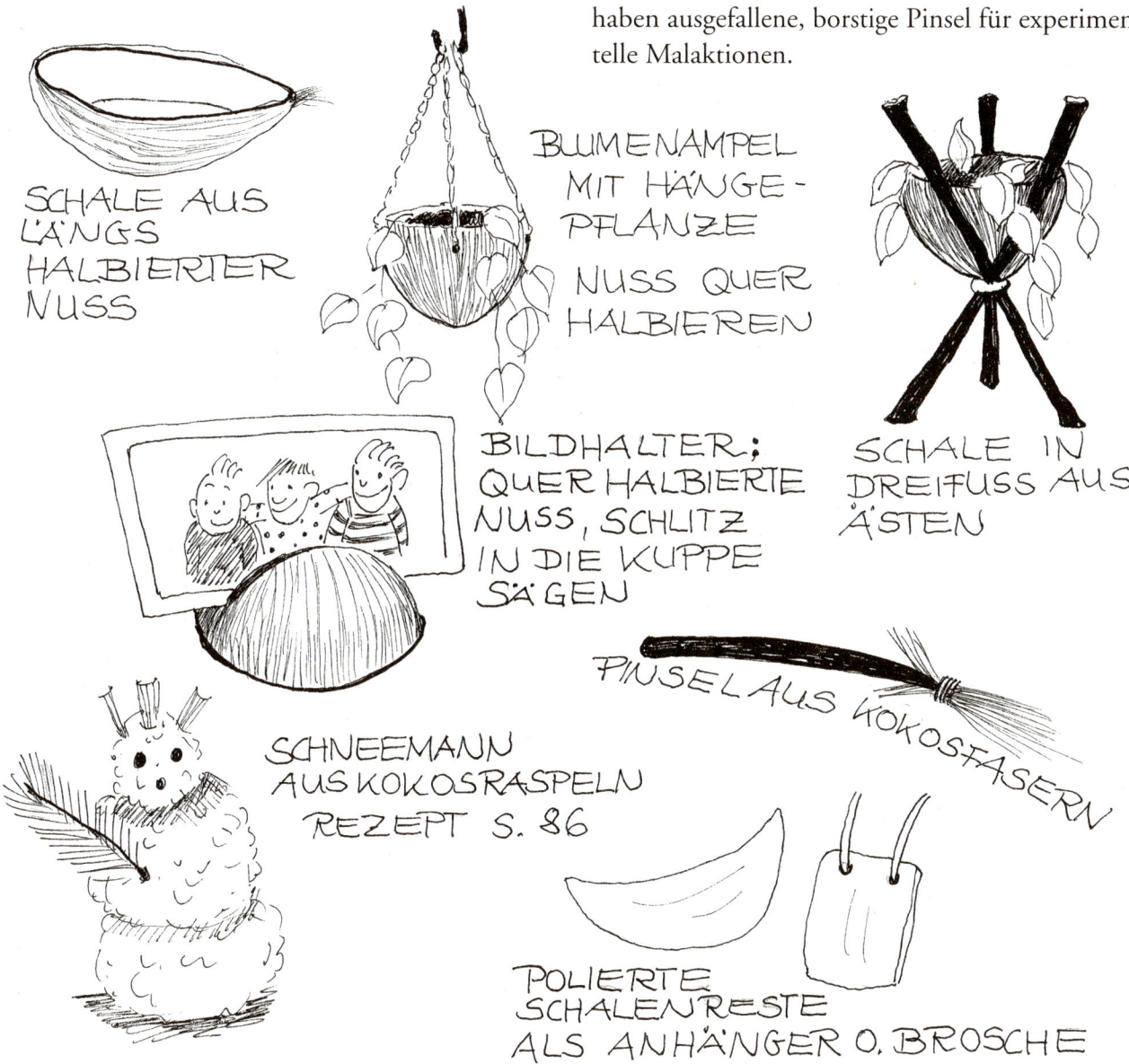

SCHALE AUS LÄNGS HALBIERTER NUSS

BLUMENAMPEL MIT HÄNGEPFLANZE

NUSS QUER HALBIEREN

SCHALE IN DREIFUSS AUS ÄSTEN

BILDHALTER; QUER HALBIERTE NUSS, SCHLITZ IN DIE KUPPE SÄGEN

PINSEL AUS KOKOSFASERN

SCHNEEMANN AUS KOKOSRASPELN REZEPT S. 86

POLIERTE SCHALENRESTE ALS ANHÄNGER O. BROSCHE

Basteln mit Bambus

Auch bei uns wachsen in vielen Gärten dichte Bambusbüsche. Die Pflanze gehört zu der Familie der Gräser, obwohl sie in Asien ausgedehnte, mehrere Meter hohe Wälder bildet. Bambusstämme sind innen hohl, in Segmente unterteilt, starr und besonders stabil. Sie können wie normales Holz gesägt und gefeilt werden. Neben Rohrflöten, Taschengriffen, Regalen, Stäben und Gestellen werden aus dicken Rohren sogar mehrstöckige Häuser gebaut. Zum Bearbeiten werden alle Teile in einen Schraubstock eingespannt.

Schreibtisch-Set

Besorgen Sie mindestens 4 cm dickes Bambusrohr. Wie auf der Zeichnung wird ein unten geschlossenes Rohr (6-10 cm lang) abgesägt, sorgfältig gefeilt und geschmirgelt, so daß man sich an den Kanten nicht verletzen kann. Es soll gut stehen. Ein Abschnitt ohne Knoten (etwa 15 cm lang) wird der Länge nach mit der Säge geteilt und bildet durch einen zweiten Schnitt ein zugespitztes „Messer". Die Kanten werden wieder geschmirgelt, die Spitze besonders dünn. Das Messer kann zum Briefeöffnen im Köcher auf dem Schreibtisch stehen. Kleinere Kinder fertigen nur den Köcher, den sie ausgiebig verzieren: mit einem spitzen Gegenstand feine Muster in die Außenwand ritzen, anschließend mit dem Pinsel Tinte oder Tusche darüberstreichen und feucht abwischen. Die geritzten Muster treten nun deutlich farbig hervor.

Den Köcher können die Kinder auch als Stifthalter oder beispielsweise für Salzstangen verwenden.

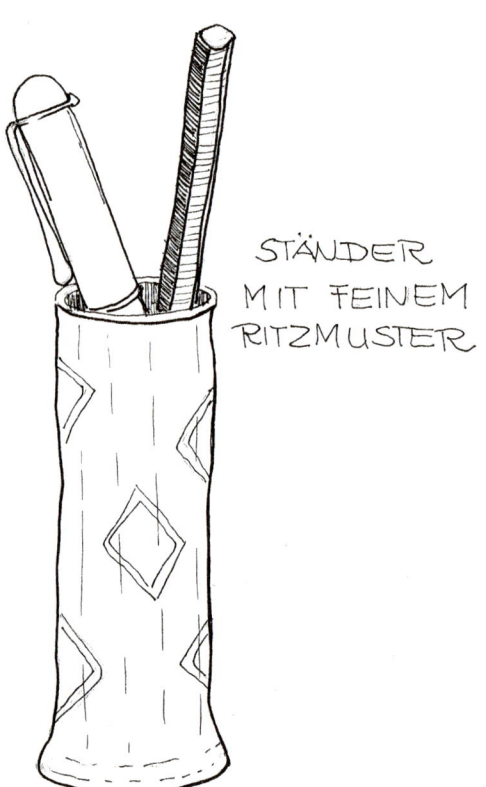

STÄNDER MIT FEINEM RITZMUSTER

MESSER HERAUS- SÄGEN

HIER ETWAS DÜNNER SCHMIRGELN

Wir machen was mit Bäumen

Spielen mit Bäumen

In den folgenden Vorschlägen liefern Bäume Material für Spielzeuge oder werden selbst zu Spielkameraden. Der besondere Reiz liegt in der Improvisation und der Fülle des Materials. Während des Spaziergangs oder Waldpicknicks entsteht mit ein paar Handgriffen ein spannender Zeitvertreib, der später einfach unter dem Baum zurückbleibt.

Baum-Spiele

Die einfachsten Spiele sind oft die besten. Bäumchen-wechsle-dich, Wett-Klettern, Hindernisrennen durch den Wald oder Schaukeln in Bäumen sind bekannte Vergnügungen, bei denen Bäume eine Rolle spielen. Auch Dutzende von traditionellen Holzspielzeugen aus verschiedensten Kulturkreisen (wie Puppen, Wagen mit Holzrädern, Flugobjekte), die man selber bauen kann, sind bekannt. Hier ein paar weitere Ideen:

Walnuß-Memo

Das Prinzip ist wie beim „Memory"-Spiel: Es werden viele Walnußschalen-Hälften nebeneinander auf den Tisch oder den Boden gelegt. Darunter befindet sich je ein kleiner Gegenstand (Haselnuß, Eichel, kleiner Stein, Wollfaden etc.). Jeder Gegenstand kommt doppelt vor. Die Kinder heben abwechselnd 2 Walnuß-Hälften hoch und versuchen dabei Paare zu erwischen, die sie behalten dürfen.

Lianengarten

In verschiedene niedrige Bäume mit starken Ästen dicke Seile, Strickleitern und Schaukeln hängen. Beim Aufhängen und Verknoten helfen Erwachsene, damit alles stabil und ungefährlich ist. Schon können die „Äffchen" und „Tarzane" in Aktion treten. Strickleitern aus festen Holzknüppeln und starker Schnur eventuell selber knoten. Wenn möglich, sollten auch noch alte Matratzen unter den Bäumen liegen, so daß die Kletterkünstler sich auch mal fallen lassen können.

Stabhochsprung

Sich mit einem dicken, stabilen, nicht zu langen Ast, der von Zweigen befreit ist, über Hindernisse im Wald schwingen. Wenn man sich mit der Stange abstößt und „hochhebelt", kommt man ziemlich weit. Kann auch als Wettspringen gestaltet werden.

Baumkegeln

Einen 1-2 kg schweren Stein (oder Holzscheit) an
ein kräftiges Seil binden. Das freie Ende des Seils
in einen Ast, etwas vom Baumstamm entfernt,
knoten, so daß der Stein etwa eine Handbreit über
dem Boden schwingt. Beim Aufhängen hilft ein
Erwachsener mit Leiter, damit nichts passiert! 9
Pflöcke, Holzscheite oder leere Blechdosen in der
Nähe des herabhängenden Steins aufbauen. Die
Spieler und Spielerinnen jedes Alters versuchen abwechselnd, mit dem schwingenden Stein die „Ke-
gel" umzuwerfen. Am besten in 2 Gruppen spielen
und die Punkte zusammenrechnen. Im Garten
kann das Spiel den ganzen Sommer über draußen
bleiben.

Mikado für Riesen

Viele, etwa armlange gerade Äste vom Waldboden
aufsuchen, wenn nötig mit dem Taschenmesser
glätten und an beiden Enden anspitzen. Mit bunten Wollfäden unterschiedlich markieren (z.B. roter Wollring = 3 Punkte, blauer Ring = 2 Punkte,
gelber Ring = 1 Punkt). Zu zweit auf dem
Waldboden spielen: Das erste Kind läßt das Stab-
bündel zu einem Haufen umfallen und nimmt so
lange Stäbe herunter bis sich der Haufen bewegt.
Dann kommt das nächste an die Reihe. Zum
Schluß werden die Punkte jedes Spielers
zusammengezählt.

Wippe

Einen großen runden Baumstamm quer legen,
kräftige Latte (3-4 m lang) darüberlegen. Die Latte
darf nicht splittern oder ausfransen, damit keine
Verletzungen auftreten.

Wurfringe

Aus einer oder mehreren biegsamen Weidengerten einen Ring verdrillen (Durchmesser 30-40 cm) und die Enden mit einer Schnur festknoten. Fliegt phantastisch und kann gut gefangen werden. Zu mehreren im Kreis aufstellen und werfen. Oder versuchen, den Ring um einen in den Boden getriebenen Pflock zu werfen.

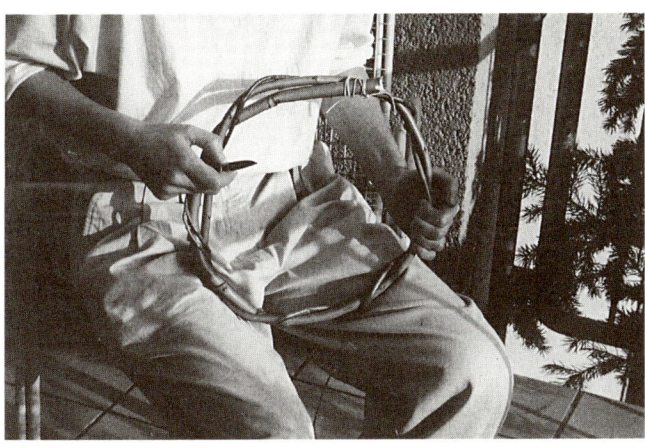

Kastanien-Weitwurf

Eimer oder leere Blechbüchse aufstellen, abwechselnd von einer festgelegten Markierung aus Kastanien oder Zapfen hineinwerfen. Wer die meisten hineinbringt, hat gewonnen.

Weitwurf anders

Mit dem Federballschläger Fundstücke im Wald verschwinden lassen. Bitte nur in Richtungen zielen, wo niemand steht! Besonders gut fliegen Kastanien - und erst recht unreife, vom Baum gefallene grüne Zwetschgen!

Schleuderstock

(ein Geschicklichkeitsspiel aus früheren Zeiten)

Ein Stöckchen quer über ein Loch im Boden legen. Mit einem langen Stab unterfassen und versuchen, das Stöckchen möglichst weit weg zu schleudern . Oder auf einen vorher auf dem Boden markierten Ring zielen. Das Stöckchen kann auch über eine in der Nähe stehende Reihe Kinder geschleudert werden, die es zu fangen versuchen. Wenn alle SpielerInnen der einen Gruppe geworfen haben, kommen die der anderen an die Reihe.

Du bist ein Baum

Vor dem Spiel werden charakteristische Eigenschaften und Wuchsformen bestimmter Bäume festgelegt und nachgestellt: Als „Trauerweide" lassen alle Kinder Arme und Kopf hängen; „Tannen" recken die Arme zeltförmig nach unten, „Fichten" schräg nach oben; „Pappeln" sind lang und dünn, die Arme werden also eng zusammengehalten nach oben gereckt; „Eichen" stehen fest und starr, die Kinder stemmen breitbeinig die Arme in die Hüften; „Espen" zittern beim kleinsten Luftzug, die Kinder schütteln sich am ganzen Körper.

Ein Kind übernimmt das Kommando. Wenn es ruft: „Du bist eine ... Pappel", recken sich alle ganz schnell nach oben. Wer eine falsche Geste macht oder zu langsam reagiert, muß ein Pfand hergeben. Die Pfänder werden zum Schluß eingelöst.

Baum-Fußball

Alle Kinder bis auf eines stehen jeweils an einem Baum und sollen diesen ständig berühren - egal, ob mit Hand, Fuß oder Rücken. Das einzelne Kind versucht einen Fußball an einen der Bäume zu schießen oder zu treiben. Gelingt dies, ist der Hüter oder die Hüterin dieses Baumes mit dem Ball an der Reihe.

Kastanien-Spiele

Normale Brettspiele wie Mühle lassen sich im Wald mit Kastanien oder Tannenzapfen spielen, indem das Spielfeld in den weichen Boden geritzt (oder zu Hause im Großformat auf einen Bogen Packpapier aufgemalt) wird.

Pfeil und Bogen

Jedes Kind sucht ein schönes, biegsames Aststück von etwa 1 m Länge, etwa 2 cm dick. Es wird an beiden Seiten wie auf der Zeichnung eingekerbt. In die Kerben knoten die Kinder gespannte, starke Schnur. Als Haltegriff wird ein Leder- oder Stoffstreifen um den Bogen gewickelt. Den Indianerbogen nach Belieben mit Federn und Perlen schmücken.

Als Pfeile dienen dünnere, unverzweigte, starre Äste, etwa 50 cm lang. Vorn, wo der Ast dicker (wichtig!) wird, spitzt man ihn mit dem Taschenmesser leicht an. Richtige Pfeile wurden oft mit Steinspitzen versehen, damit sie größere Durchschlagkraft hatten. Am Ende erhält jeder Pfeil mit dem Taschenmesser eine Kerbe, in die ein abgeschnittenes Federstück gesteckt wird, dann werden die Hälften hinten mit Schnur zugebunden. Durch die Federn fliegt der Pfeil besser. Statt Federn ist auch entsprechend zugeschnittener Karton geeignet. Rechtwinklig über den Schlitz feilen die Kinder noch eine leichte Kerbe, damit der Pfeil beim Spannen nicht von der Bogensehne abrutscht.

Geübt wird an einer Styroporscheibe, die in einem Baum hängt. Niemals auf Leute oder Tiere zielen!

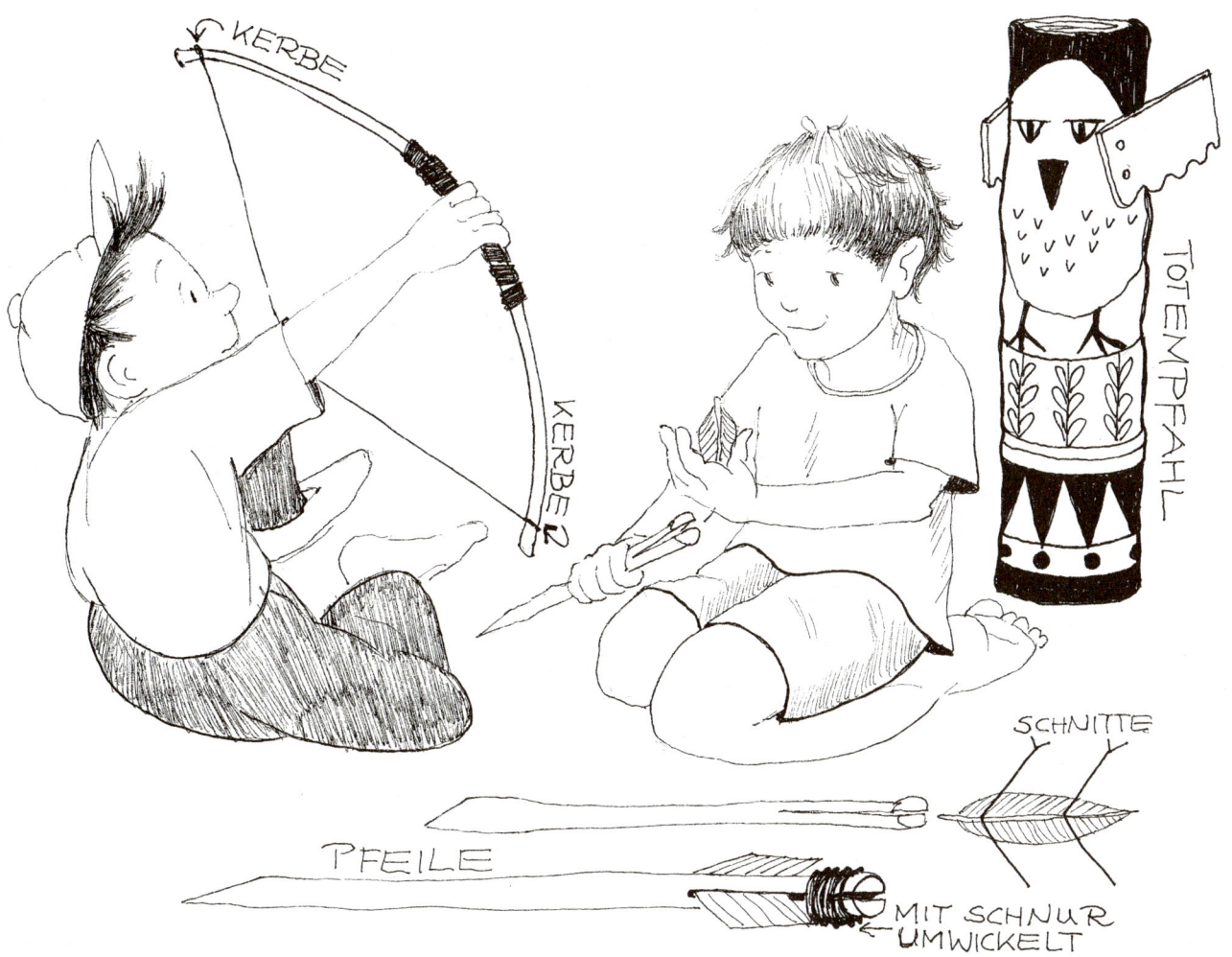

Wald-Zoo

Manche Tiere können schon Kindergartenkinder selber basteln, die Größeren schnitzen kompliziertere Formen aus Holz und Rinde zurecht. Ganze Zoos oder Bauernhöfe entstehen. Frische Kastanien und Eicheln werden mit einem spitzen Gegenstand angepiekst und mit angespitzten Streichhölzern versehen. Dazu kommen ebensolche Tiere aus Korken. Eichel-Hütchen, Samen und sonstige Funde werden zu Ohren und Flügeln.

Ausgefeiltere Tier-Konstruktionen entstehen aus Holz- und Rindenabschnitten, die mit dem Messer entsprechend zugeschnitten werden. Wir lassen uns dabei von der vorgegebenen Form des Holzes inspirieren, so daß oft nur Kleinigkeiten weggeschnitten werden müssen. Schon ergibt sich ein Wildschwein, ein Dino, ein sitzendes Kaninchen oder ein langes Krokodil. Flache Holz- und Korktiere können sogar schwimmen.

Aus Walnußschalen werden kleine Schildkröten, Vögel oder Mäuschen. Alle Tiere können natürlich mit Schnur, Pappe, Papier und echten Federn verziert oder bemalt werden. Ein paar Anregungen sind auf den Zeichnungen zu sehen.

Die Suche nach der passenden Kulisse zum Spiel mit den kleinen Figuren ist genauso reizvoll wie das Basteln selbst. Manchmal finden sich im Wald Wurzelhöhlen unter umgefallenen Bäumen, die den Eindruck eines Zaubergartens erwecken. „Theaterbühnen" für die Tiere entstehen auf glatt abgesägten Baumstümpfen.

EICHEL-GESCHIRR

KASTANIEN-KORB

EICHEL-TIER

MAUS AUS WALNUS-SCHALE

ZUBEHÖR AUS WOLLE UND PAPPE

EICHEL-BABY

SCHILDKRÖTE AUS WALNUS-SCHALE

SCHALE BEMALEN UNTERBAU AUS PAPPE

Wald-Kaufladen

Der Laden kann im Freien oder in einer Zimmerecke stehen. Alle Kinder errichten und bestücken ihn gemeinsam. Für Gestelle und Regale werden mehrere Obstkisten aus Holz oder Karton besorgt und mit der Öffnung zur Seite aufgestellt. Als Theke dient ein Kindertisch mit einer alten Decke. Davor werden ein paar Kisten schräg aufgestellt. Aus festen Tapetenresten lassen sich schnell viele flache „Obstkisten" falten und mit einem Bürohefter zusammenklammern. Tüten können aus Abfallpapier geklebt werden.

Und was man sich alles als Waren ausdenken kann! Im Herbst gibt es die größte Auswahl: Beeren, Ha-
gebutten, Eicheln in verschiedenen Größen, Bucheckern, zusammengebundene Gras- und Binselbüschel als „Spaghetti", Rindenstücke, zerbröselte kleine Zweigchen, zusammengebundene Astbündel als Wurzelgemüse, Kastanien in allen Größen, Nüsse, Blätter lose als Gemüse und Salat, zusammengerollt und mit verschiedenen Resten „gefüllt" als Pasteten und Rouladen, gebündelt als „Hefte" und „Blocks". Eine unterteilte Schachtel ist die Kasse, Einkaufskörbe werden ebenfalls aus Papier gefaltet, falls keine kleinen geflochtenen Weidenkörbchen vorhanden sind.

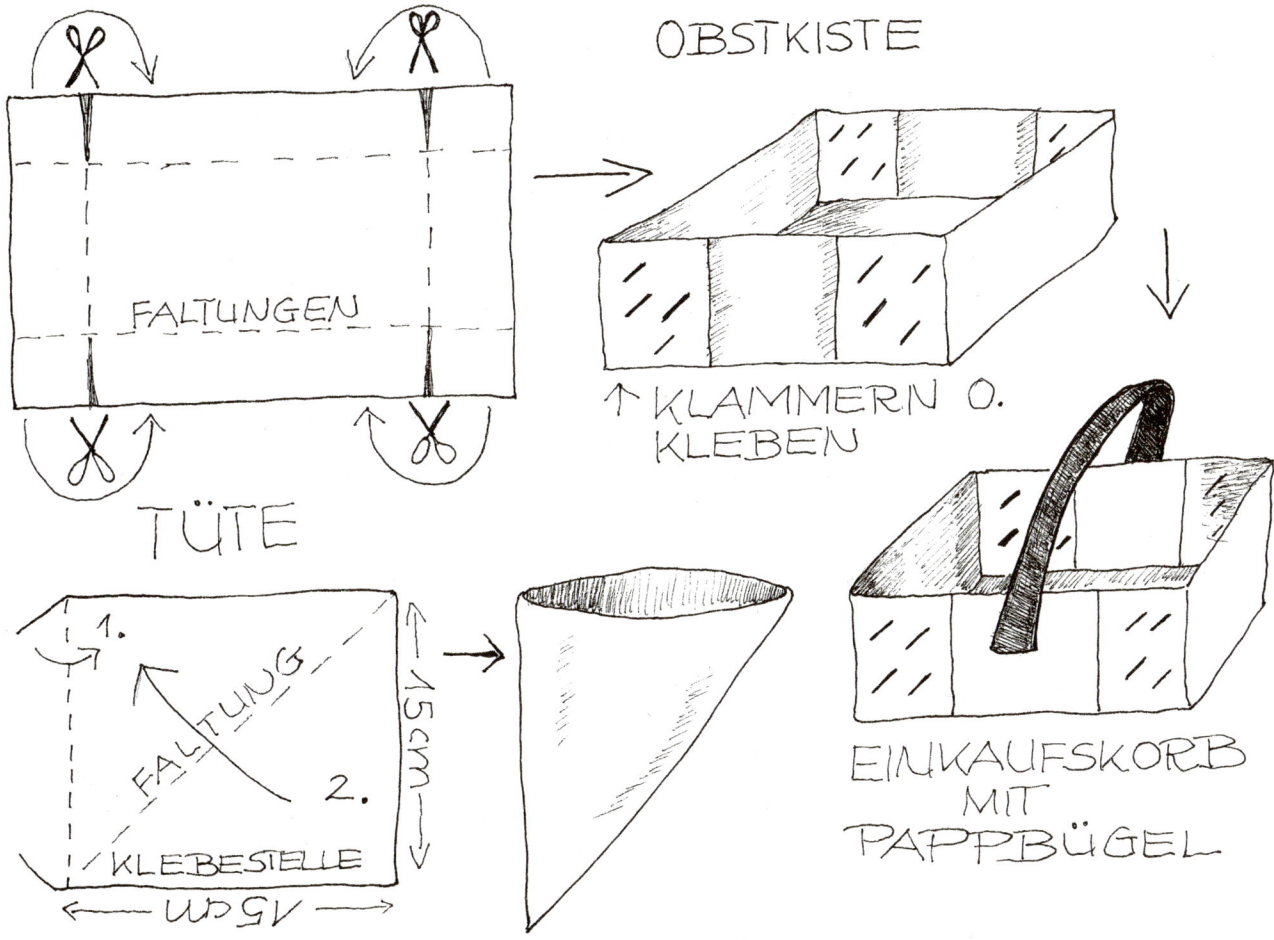

Kunst mit Bäumen

Holz, Früchte, Blätter sowie aus Laub, Rinde und Beeren gewonnene Farbstoffe bilden die Grundlage für vielfältige künstlerische Aktivitäten. Nicht nur das Verarbeiten, schon die Gewinnung von Farben, das Sammeln der Materialien ist für Kinder unterschiedlichen Alters eine spannende Beschäftigung.

Farbenwerkstatt

Bevor Farben künstlich hergestellt wurden, färbten die Menschen mit Pigmenten aus fein zerriebenen Mineralien, Erde, Lehm, Ton und mit Pflanzenfarbstoffen. Färbepflanzen standen fast überall zur Verfügung. Oft waren Bäume der Grundstoff. Papier, Stoff, Wolle, Baumwolle, Zimmerwände, sogar die Haare färbte man mit rohem Saft oder gekochter Brühe von Holunderbeeren (blau bis violett), Sumachbeeren, Kirschsaft (dunkelfleischige Sorten), Teeblättern, Walnußschalen (sehr intensiv), Birkenblättern, Färberginster (daher der Name) und andere Ginsterarten (Gelbtöne) sowie Rinde (besonders von der Färber-Eiche Quercus velutina). Aus fernen Ländern kamen später exotische Hölzer hinzu, die noch viel intensivere Farbstoffe enthalten als die einheimischen: beispielsweise Sandelholz, Rot-, Blau- und Gelbholz.

Sogar schwarze Tinte stammte von Bäumen. Sie wurde aus sogenannten Eichengalläpfeln (kleine, durch Insekten verursachte kugelige Wucherungen an Eichenblättern) gewonnen, die im Sommer an manchen Bäumen zu Tausenden vorkommen.

Blätter-Papier

Material:

Farbstoffe (wie nachfolgend beschrieben)

großer Topf

Herdplatte

Zeitungspapier

Plastikfolie

breite Pinsel

Blätter von verschiedenen Bäumen

Papier und alte Poster

Diese spannende Technik verwendet nicht nur Farbstoffe aus Bäumen, sondern auch Blätter zur Mustergebung. Es entstehen kräftige oder pastellfarbene Bilder zum Aufhängen oder zart getönte Schreibpapiere mit den Abdrucken von Blättern.

Sammeln Sie zusammen mit den Kindern Farbstoffe:

* Die weichen grünen Schalen von Walnüssen (im Herbst frisch oder getrocknet; gibt es auch in Apotheken und Reformhäusern zu kaufen) werden mit wenig Wasser über Nacht eingeweicht und ergeben einen dunklen Braunton. Kurz aufgekocht und abgeseiht ändert sich die Farbe etwas. Der Saft kann roh und gekocht verwendet werden.

* Holunder- und Kirschsaft gewinnen die Kinder, indem sie einige Beeren mit der Gabel zerquetschen und durchsieben.

* Geriebene und eingeweichte Orangenschale sowie in heißem Wasser gelöstes Currypulver ergeben gelbliche Töne.

* Gekaufte Holzfarbstoffe (Rotholz, Gelbholz, Blauholz etc.: um die Osterzeit in Drogerien, Naturkostläden erhältlich, sonst nur in Läden für Künstlerbedarf oder Spezialhandlungen) lösen sich in Wasser, wenn 1 Teelöffel Holzspäne pro Tasse Wasser kurz aufgekocht und anschließend gesiebt wird.

Stellen Sie die Farben in großen Schraubgläsern bereit, aus denen sich die Kinder gruppenweise kleinere Gläser abfüllen.

Außerdem sammeln die Kinder weiche und harte, glatte und filzige, unterschiedlich geformte Blätter mit möglichst dicken Adern von verschiedenen Bäumen.

Und so wird gefärbt:

* Arbeitsfläche mit altem Zeitungspapier auslegen. Darauf möglichst eine Plastikfolie (alte Plastiktüte) legen. Die Kinder tragen Kittel zum Schutz der Kleidung.

* Zum Einfärben alte Poster mit unbedruckter Rückseite oder kleinere Papierbogen verwenden. Recyclingpapier und auf einer Seite schon beschriebene Bogen eignen sich ebenfalls.

* Einen Papierbogen ganz oder teilweise mit 1 oder 2 Farben einstreichen. Dazu eignet sich gut ein breiter Pinsel oder ein kleiner Schwamm.

* Einige saubere oder mit einer kontrastierenden Farbe bestrichene Blätter auflegen.

* Einen zweiten leicht gefärbten Papierbogen darüberlegen und unter einer Lage Zeitungspapier pressen: mehrmals mit der Hand darüberstreichen oder ein Nudelholz verwenden. Wenn die Blätter eine halbe Stunde oder länger zwischen dem Papier bleiben, ergeben sich sehr genaue Abdrucke. Experimentieren! Es kommt bei dieser Technik viel auf den Zufall an.

* Am besten färbt je eine Gruppe Kinder einen ganzen Stapel Papier auf einmal: 20 oder 30 Papierbogen - immer mit Blättern dazwischen - übereinander legen, so daß immer beide Papierseiten gemustert werden.

* Den ganzen Stapel eine halbe Stunde oder länger durchziehen lassen.

* Dann kommt der spannende Moment: feuchte Bogen vorsichtig vom Stapel nehmen und zum Trocknen mit Wäscheklammern an die Wäscheleine hängen oder einzeln auf trockenem Zeitungspapier ausbreiten.

* Die Baumblätter für die Musterung sollten ruhig mehrmals verwendet werden, da sie nach einigen Versuchen viel weicher und besser mit Farbe getränkt sind und genauere Abdrucke ergeben.

* Fertige Bogen als Geschenkpapier, Kunstwerke, Heft- und Bucheinbände oder zum Bekleben von Schachteln weiterverarbeiten.

Übrigens lassen sich die Reste der Baum-Farben auch ganz normal mit dem Pinsel aufmalen, aufsprenkeln oder tropfenweise mit einem Strohhalm zu Spinnenbildern zerblasen.

T-Shirt mit Walnußfarbe

Material:

Stoff oder T-Shirt

Walnußschalen

Edelstahltopf (kein Eisen!)

Kochplatte

Plastik- oder Edelstahleimer

Schnüre

Wäscheleine und Klammern

Auch Stoffe wie zum Beispiel alte T-Shirts, Tisch-Sets aus Bettuchresten, Socken oder Einkaufsbeutel aus Baumwolle lassen sich ähnlich wie Papier färben.

Die meisten Pflanzenfarben halten nur auf vorher gebeizten, mit Chemikalien behandelten Stoffen. Der aus Walnußschalen gewonnene Farbstoff liefert dagegen ohne weitere Zusätze eine relativ haltbare Tönung und eignet sich daher gut zum Arbeiten auch mit kleineren Kindern.

So wird's gemacht:

* Im Herbst, wenn die Nüsse fallen, unter einem Baum pro T-Shirt 400 g frische grüne Walnußhüllen (nicht die harten braunen Schalen) sammeln. Ersatzweise zu anderen Jahreszeiten 100 g getrocknete Hüllen verwenden.

* Über Nacht in 1 l Wasser einweichen.

* Am nächsten Tag etwa 5 Minuten auskochen, eine Prise Salz und nochmals 1 l heißes Wasser zugeben, das Ganze in eine Schüssel absieben.

* Den Stoff anfeuchten und in die Brühe legen. Er muß zwischen einer Stunde und einem Tag darin ziehen. Schon nach ein paar Minuten ist er bräunlich. Je länger die Farbe einzieht, desto dunkler wird er. Immer mal wieder umrühren, damit sich keine Falten auf dem Stoff abbilden.

* Schließlich den Stoff vorsichtig herausnehmen, in kaltem Wasser mehrmals ausspülen. Dann auf der Wäscheleine trocknen. Das fertige Stück nur mit der Hand waschen, nicht in der Maschine.

Lustige Ringelmuster ergeben sich, wenn vor dem Färben einzelne Stoffzipfel mehrfach fest mit Schnur umknotet werden. Die Schnüre werden erst entfernt, wenn der Stoff trocken ist. Oder die Kinder tropfen mit einer Kerze Wachspunkte auf den auf einer Zeitung ausgebreiteten, noch ungefärbten Stoff. Das Wachs muß dann allerdings ein Erwachsener nach dem Färben und Trocknen zwischen mehreren Lagen Löschpapier herausbügeln. Gewachste Stoffe werden in einem lauwarmen Farbbad gefärbt.

Drucke und Abriebe mit Bäumen

Die nachfolgend beschriebenen Bilder kann man als Kunstwerke aufhängen, zur Dokumentation bei einer Ausstellung nehmen (Seite 21) oder wie Buntpapier verwenden: Briefumschläge falten; Schachteln, Mappen und Schulhefte bekleben; Geschenke verpacken (zusätzlich mit Zapfen, Zweigchen, duftenden Holzstücken, Blättern etc. dekorieren).

Blätter-Druck

Blätter mit dicker Äderung suchen, auf der Rückseite mit dickflüssiger Wasserfarbe, Linoldruckfarbe oder dünn mit Schuhcreme einschmieren. Mit der farbigen Seite auf einen Bogen Papier legen. Zeitungspapier darüberbreiten und einmal fest mit dem Nudelholz darüberfahren. Zeitung und Blatt abnehmen. Farbe trocknen lassen.

Aus mehreren Blätterabdrucken entsteht ein ganzer Herbststurm. Am besten erst einige Probedrucke auf altes Papier machen, bis die Dicke der angerührten Farbe und der Druck beim Rollen stimmen.

Holz-Druck

Material:

Weichholzplatte, etwa 10 x 15 cm, oder
 Baumscheibe
 Drahtbürste
 Schmirgelpapier
 Nagel oder Ahle zum Ritzen
Papier
Linoldruckfarbe
Zeitung

Künstler schneiden mit Spezialwerkzeugen feine Linien in feste Holzplatten und drucken sie ab. Man nennt das Holzschnitt oder - wenn es besonders fein ist - Holzstich. Auch zum Stoffdrucken eignen sich Hartholz-Blöcke, in die Muster geschnitzt wurden (Modeln). Wir schauen, wenn möglich, einen echten Holzschnitt oder eine Abbildung in einem Buch an, bevor wir einen einfacheren Druck anfertigen.

Wenn ein gemasertes Weichholzbrettchen oder eine runde Stammscheibe mit der Drahtbürste oder mit Schmirgelpapier bearbeitet wird, treten die härteren Holzfasern noch deutlicher heraus, während die weicheren Zwischenräume „einsinken". Besonders interessant sind Platten mit Astlöchern.

Holzplatte mit Linoldruckfarbe (oder ganz dick angerührter Wasserfarbe) einstreichen, einen Bogen Papier auflegen und mit einem Lappen vorsichtig darüberstreichen. Die Holzmaserung überträgt sich aufs Papier.

Wenn zusätzlich mit einem Nagel oder einer Ahle vorher Muster auf die Platte geritzt werden, sind diese auf dem Abdruck als helle Linien zu erkennen.

Falls ein deutlich gemaserter Tisch oder ein anderes Holzstück nicht direkt mit Farbe eingeschmiert werden kann, geht es auch umgekehrt: Papier aufs Holz legen und mit der eingefärbten Linolrolle darüberfahren.

Abrieb

Die Strukturen von deutlich gemasertem Holz
und stark geäderten Blättern übertragen sich sehr
genau aufs Papier: Platte oder Blätter unter einen
Bogen Papier legen, gut festhalten und gleichzeitig
mit Buntstift oder Wachskreiden das ganze Papier
fein abreiben. Papier eventuell vorher mit
Klebstreifen fixieren, damit es nicht verrutscht.

Rindenabrieb

Mit Paketschnur einen Bogen Packpapier oder
grobes Recycling-Papier fest anliegend um einen
Baumstamm binden. Den ganzen Bogen vorsich-
tig mit Wachskreiden abreiben, so daß sich die
Struktur der Rinde auf das Papier überträgt. Mit
feinerer Rinde geht es besser als mit sehr grober.
Verschiedene Bäume ausprobieren und die Muste-
rungen vergleichen. Manchmal finden sich sogar
Bäume mit eingeschnittenen Herzen oder anderen
Besonderheiten.

Blatt-Reliefs

Ton-Blätter

Töpferton (oder eine im Küchenofen brennbare Keramikmasse) etwa fingerdick auf einem Holzbrett mit einem Nudelholz nach Belieben zu ovalen oder rundlichen Platten ausrollen. Schöne, dick geäderte Blätter mit der Rückseite auf den Ton drücken. Mit dem Nudelholz leicht darüberrollen. Blätter abnehmen. Die Umrisse mit einem Messer ausschneiden. Die Reliefs werden mit einem Loch zum Aufhängen versehen oder an den Rändern leicht hochgebogen, so daß sie zu einer schönen flachen Schale werden. Die Abdrücke müssen jetzt einige Tage trocknen, werden dann gebrannt und naturgetreu glasiert. Im Backofen brennbare Materialien lassen sich mit Wasserfarben bemalen.

Gips-Blätter

In eine handtellergroße Knetgummi-Platte ein kleines Viereck oder eine runde Vertiefung eindrücken. Die Fläche muß möglichst eben sein. Schöne Blätter mit der geäderten Seite nach unten vorsichtig auf diese Fläche pressen und wieder abziehen. Das Muster drückt sich sehr genau im Knetgummi ab. Wenn das Relief später aufgehängt werden soll, an einem Rand dieser Form einen dünnen Trinkhalm in die Knete stecken. Das Relief nicht zu dünn anlegen, damit es nicht bricht: Ein 5 cm großer Abdruck sollte etwa 0,5 cm dick werden.

Nach Packungsvorschrift einen dünnen Gipsbrei anrühren (3-4 Eßlöffel Pulver reichen meist aus) und sofort in die Knetgummiform gießen. Er wird schnell hart. Knete vorsichtig abnehmen (sie kann immer wieder verwendet werden), Strohhalm herausziehen. Der Gips läßt sich mit Wasser- oder Naturfarben gut bemalen.

Bäume in der Kunst

Um die Charakteristika einzelner Bäume zu erfassen, malen die Kinder ihren Lieblingsbaum/den Baum vor dem Fenster/einen Sommerbaum/einen Winterbaum. Oft malen Kindergartenkinder kastenförmige Gebilde mit wenigen, oben herausragenden Ästen, die als Anlaß dienen, sich die natürliche Wuchsform eines Baumes genauer anzuschauen.Größere Kinder sehen sich die Werke bekannter Künstler an.

 Manche Maler haben sich speziell für Bäume interessiert. Kaspar David Friedrich (1774-1840), der im Osten Deutschlands wirkte, mochte besonders eigenartig beleuchtete Landschaften, die eine traumartige Stimmung wiedergaben. Seine Bilder waren dabei fast so genau wie Fotos gemalt. Oft hat er Portraits von besonders schönen Bäumen geschaffen.

Selbst moderne abstrakte Maler beschäftigten sich mit Bäumen. Ein Vergleich von Friedrichs „Bäume in der Abenddämmerung" mit Klees „Der Bote des Herbstes" (1922) zeigt, wenn man genau hinsieht, zweimal das Motiv Baum mit Mond.

Stammbaum

Wir nehmen ein paar dünne, gerade Zweige und Astgabeln, frische oder gepreßte Blätter. Die Kinder steuern kleine Fotos der einzelnen Familienmitglieder (Mutter, Vater, Großeltern, alle Geschwister) bei. Falls nicht vorhanden, malen die Kinder selbst einfache Porträts und „umrahmen" sie entsprechend.

Zum Aufkleben wird pro Kind ein fester Kartonbogen im Format A2 oder A3 verwendet. An der Unterkante beginnen die Kinder in der Mitte mit ihrem eigenen Portrait, mit denen ihrer Geschwister an den Seiten. Über das Foto wird ein V aus Ästen geklebt. Darüber kommen Mutti und Vati, mit jeweils einem weiteren V darüber, dann die Großeltern. Ältere Kinder können das Ganze mit Namen und Daten beschriften. Die Zwischenräume zwischen Ästen und Porträts werden mit den Blättern ausgefüllt, so daß sich die Silhouette eines Baumes ergibt.

Bildhalter

Kleine gerade Astabschnitte (etwa 15-20 cm lang) werden in den Schraubstock eingespannt und längs durchgesägt. Die Sägeflächen werden nach Belieben gefeilt und geschmirgelt. Die gewölbte Fläche erhält einen zweiten geraden Längsschnitt, der aber nur bis zur Hälfte ins Holz geht. Dieser hält ein auf ein Stück Karton aufgeklebtes Foto oder Bild. Wenn der Spalt zu breit geworden ist, einfach einen zweiten Kartonstreifen einschieben, so daß das Bild aufrecht steht. Kleinere Ständer dieser Art eignen sich gut für Kunstkarten.

Blätter und Nadeln

Strukturen von Blättern und Nadeln zeigen immer wieder die unendliche Vielfalt der Natur. Beim Basteln von kleinen Kunstwerken wird dies besonders intensiv erlebt. Collagen und Klebebilder aus bunten Herbstblättern haben die meisten Kinder schon einmal angefertigt. Hier einige weitere Vorschläge. Am besten sammelt die Gruppe einen ganzen Vorrat von grünen oder herbstlich eingefärbten Blättern und Nadeln und preßt diese unter dicken Büchern vor dem Verarbeiten mehrere Tage.

Blätter beschreiben

Matte, fest gepreßte Blätter lassen sich beschreiben. Große Exemplare können im Umschlag wie Briefe verschickt werden. Kleinere werden beschriftet und als Etikett auf eine Kramkiste geklebt oder mit einem Baum-Spruch darauf als Lesezeichen verwendet. Oder die Kinder verschenken zu Festtagen ein Glas mit einer selbstgemachten Schleckerei (Quittengelee, Trockenobst, Nüsse), an dem statt eines Etiketts ein gepreßtes Quittenblatt mit Beschriftung hängt!

Verfremdete Blätter

Witzige Verzierungen für Briefpapier, Lesezeichen oder Kunstwerke entstehen, wenn Blätter vor dem Pressen in irgendeiner Form verändert werden: Das Ginkgoblatt bekommt einen lockeren Knoten in den Blattstiel; lange Blattstiele werden zusammengeflochten; mehrere kleinere Blätter werden mit den Stielen durch Schlitze in einem größeren geschoben; das Blatt wird in eine andere Form geschnitten; die Segmente zwischen den Blattadern werden teilweise entfernt, so daß unterschiedliche „Gerippe" entstehen.

Im Frühjahr können die Kinder auch im Freien Ausschau nach filigranen Blattgerippen halten. Wenn die Herbstblätter über den Winter Feuchtigkeit und Kälte ausgesetzt sind, vermodern oft die weichen Flächen zwischen der Äderung, es bleibt nur das feine Blattgerüst übrig. Besonders bei Linden und Magnolien ist das der Fall.

Wald-Dosen

Besorgen Sie für jedes Kind im Bastelladen eine kleine flache Spanschachtel.

Die Oberfläche des Deckels mit einem breiten Pinsel mit umweltfreundlichem Bastelleim (Weißleim) einstreichen. Der Deckel wird mit einer Collage aus gepreßten Blättern oder eng aneinanderliegenden, genau zugeschnittenen Kiefernnadeln beklebt. Jedes Blatt einzeln auf der Rückseite mit Leim einstreichen und auf den Deckel drücken bis es hält. Die Blattränder überlappen sich. Die fertige Collage wird mit alten Katalogen beschwert (vorher Plastiktüte auflegen, falls der Kleber an manchen Stellen hervorquillt), bis sie trocken ist, sonst wellen sich die Blätter. Um die Oberfläche haltbarer zu machen, wird sie anschließend ebenfalls dünn mit Leim überstrichen. Er wird beim Trocknen durchsichtig wie matt glänzender Lack.

Bilderrahmen

Auch einen aus dicker Pappe oder Wellpappe ausgeschnittenen Bilderrahmen können die Kinder hübsch mit gepreßten Blättern bekleben und anschließend mit Leim wie links beschrieben lackieren. Dazu passen zusätzlich aufgeklebte kleine Zapfen, Ast- und Rindenstückchen. In der Größe des Rahmens wird auch eine massive Rückenwand für das Bild aus Pappe zurechtgeschnitten. Beide Teile werden mit dem zu rahmenden Bild in der Mitte (Foto, eigene Zeichnung) aufeinandergeklebt. Oben erhält das Ganze ein Loch (Lederlochzange), durch das eine Schnurschlinge zum Aufhängen gezogen wird.

Mobiles

Material:

Fundstücke aus dem Wald

Silber- oder Kupferdraht
(Stärke etwa 0,8 mm)

Drahtzange oder alte Schere zum
Schneiden und Biegen

Zwirn

Schere

Haken zum Aufhängen

normalen Zange jeweils zu einer kleinen Öse um-
biegen. An die beiden kleinen Drahtstücke mit
Zwirn die Fundstücke hängen. An die Ösen des
größeren Bogens ebenfalls Zwirn knoten, die beiden kleineren Bögen daran befestigen. Sie sind so
ausbalanciert, daß sie waagerecht hängen. An den
großen Bogen kommt noch ein Faden mit Schlaufe zum Aufhängen.

Nach demselben Prinzip lassen sich auch kompliziertere Mobiles aus mehreren Bögen herstellen.
Immer darauf achten, daß die Bögen lang genug
und die Fäden kurz genug sind, so daß sich die
Teile nicht verheddern. Am besten an einer Tür
oder einer leicht zugigen Stelle aufhängen, damit
die Fundstücke immer leicht wippen.

Für ein weiteres Kunstwerk werden Fundstücke an
einen knorrigen Ast oder einen Ring aus
elastischen Zweigen mit Schnur dicht nebeneinander gehängt. Der so geschmückte Ring kann auch
statt eines Lampenschirms um eine Glühbirne
oder vor eine unscheinbare Wandleuchte gehängt
werden. Dabei bitte auf genügend Abstand achten,
damit die Gegenstände nicht heiß werden.

Kleinere Fundstücke wie Zweigchen, seltsam
geformte Wurzelstücke, Baumfrüchte und Zapfen
kommen am besten zur Geltung, wenn man sie
aufhängt.

Aus Draht einen großen und zwei kleine Haltebo-
gen wie auf der Zeichnung (Länge etwa 15-25 cm)
biegen. Beide Enden mit einer Drahtzange oder

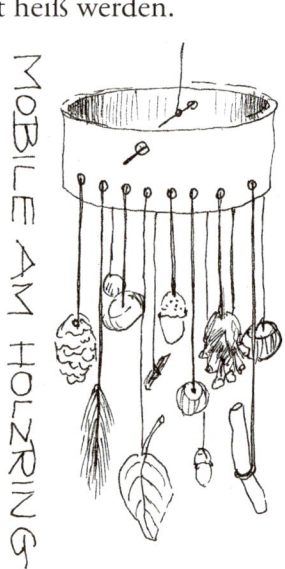

MOBILE AM HOLZRING

Schmuck aus Holz

Holzperlen sind in vielen Farben erhältlich und als Modeschmuck beliebt. Die Bäume liefern uns aber auch noch ursprünglichere - schnell improvisierte oder dauerhafte - Schmuckstücke.

Herbst-Juwelen

Prächtiger Schmuck für einen Tag entsteht im Handumdrehen aus gefundenen Samen und Früchten: Kastanien und Hagebutten werden mit der Stopfnadel durchbohrt und aneinandergereiht. Sogar Holzäpfel, Tannenzapfen und Zweigchen lassen sich zu märchenhaften Ketten verarbeiten.

Haarschmuck

Zwei dicke Holzkugeln an einem vorn und hinten verknoteten Haargummi ergeben einen lustigen Zopfhalter. Eine etwa 5 mm dicke Holzscheibe dient als Zopfspange. Sie erhält an der schmalen Kante 2 einander gegenüberliegende kleine Nägel. An einen Nagel wird ein Haargummi geknotet, das an den anderen eingehängt werden kann. Auf die Scheibe wird eine kleine gepreßte Blüte aufgeklebt und das Ganze anschließend mit farblosem Lack überzogen. Haarspangen und Kämme lassen sich mit Holzperlen ebenfalls verschönern.

Holzperlen

Dauerhafte Perlen für Ketten, Schlüsselanhänger, Arm- und Fußbänder werden aus Ästen gefertigt. Die Kinder sammeln auf dem Waldweg oder im Garten trockene Stücke mit und ohne Rinde. Sie werden am Schraubstock in einzelne Perlen der gewünschten Größe zersägt. Das schwierigste ist, das Loch in die Perle zu bekommen. Hier hilft ein Erwachsener mit Standbohrmaschine oder Handbohrer. Haselruten, Himbeer- und Holundergerten jedoch haben innen sehr weiches Mark, das nur mit einer Stricknadel herausgestoßen werden muß.

Besonders einfach lassen sich dicke Rindenstücke bearbeiten. Sie können mit dem Taschenmesser auch zu Würfeln oder sechskantigen Perlen geschnitzt werden. Alle Teile vor dem Auffädeln schmirgeln.

Für die Verzierung von Holzperlen gibt es zahlreiche Möglichkeiten:

* Rinde mit dem Taschenmesser teilweise zu Mustern schnitzen

* entrindete Perlen mit kleinen Kerben versehen

* Holzoberfläche mit Tusche oder Wasserfarben bemalen; anschließend mit Bienenwachs (Kerzenrest) dünn abreiben und mit einem Lappen polieren

* mit einer in der Kerzenflamme glühend gemachten Nadel oder einem Nagel (beides in einen Flaschenkorken stecken, damit es sicher in der Hand liegt) kleine Pünktchen oder Sternchen ins Holz brennen.

Wenn eine Serie Perlen fertig ist, wird sie auf Lederriemen, weiche Paketschnur, Wolle oder Baumwolle aufgefädelt - direkt aneinanderliegend oder mit Knoten dazwischen. Die wilden Holzperlen können auch gut mit gekauften Glas- oder Keramikperlen kombiniert werden. Ein paar Möglichkeiten zeigt die Zeichnung.

Bernstein

Bäume liefern auch ganz „edlen" Schmuck: Bernstein ist trotz des Namens kein Stein, sondern das erhärtete Harz von Nadelbäumen, die im sogenannten Tertiär (ein Erdzeitalter vor vielen Millionen Jahren) auf der Erde wuchsen. Der Name kommt wohl von „bernen", was in Norddeutschland soviel wie brennen hieß. Bernstein ist leicht entzündlich und duftet beim Schmelzen.

Zu finden ist er am ehesten an der Ostsee, wo jährlich viele Tonnen an den Strand gespült werden. Die größten angeschwemmten Stücke sind mehrere Kilo schwer. Viele Leute tragen Schmuck aus den milchigweißen oder honiggelben Klumpen. Besonders interessant sind Stücke, in denen jahrmillionenalte Insekten, Käfer oder Pflanzenreste eingeschlossen sind. Auf Sizilien kommt sogar eine bläuliche Form von Bernstein vor.

Baummusik

Flöten, Gitarren und viele weitere bekannte Instrumente bestehen aus Holz. Wir bauen für ein Baum-Orchester viel einfachere Instrumente und Klangerzeuger und werden dabei durch die Fülle verschiedener Klänge überrascht.

Rasseln

* Joghurtbecher, Blechdosen oder Schraubgläser mit rasselnden, ratternden Baumprodukten wie Eicheln, Nußschalen oder Kirschkernen füllen.

* Mit einem Stoffstück und Gummiring verschließen.

* Gut zu handhaben sind Rasseln, an denen mit Schnur oder Gummiband ein Holzgriff (Holzstange) befestigt ist.

Lederhülsen-Rassel

* Im Winter die festen braunen Schoten von Le-

derhülsenbäumen (Gleditsia triacanthos) in Parks sammeln und trocknen lassen.

* Locker mit der Stopfnadel auf feste Schnur aufreihen.

* Wie einen Gürtel um die Taille binden oder zusammenfassen und an einem Stab befestigen.

Marimba

* Längliche Holzabschnitte vom Schreiner oder feste Aststücke aus dem Wald glattschmirgeln.

* An einer Seite mit Schur umwickeln und in einer Reihe an einen Holzstab hängen.

* Schnurschlinge zum Aufhängen an den Stab binden.

* Marimba mit einem Holz- oder Metallöffel schlagen.

* Die einzelnen (kleineren) Stäbe können auch dicht aneinander an einem Gürtel befestigt werden, dann rasselt es beim Gehen und Tanzen.

Xylophon

* 2 etwa 50 cm lange Holzleisten mit Filz- oder Lederstreifen bekleben.

* Kürzere Holzleisten oder gerade Astabschnitte (möglichst Hartholz) glattfeilen und auf die Leisten legen.

* Probehalber mit einem Stab anschlagen und nach Tonhöhe anordnen. Eventuell kürzer schneiden und feilen, so daß die Töne einigermaßen sauber sind.

* Nach Belieben können die zwei Halteleisten auch auf ein Brett geklebt werden. Die Tonhölzer werden dann mit Nägeln (mit Filz- oder Lederstreifen umklebt) auseinandergehalten, damit sie nicht so leicht verrutschen.

* Zum Anschlagen mit Leder und Gummiband umwickelte Holzschlegel oder hölzerne Kochlöffel verwenden.

Kastagnetten

* Kokosnuß in der Mitte durchschneiden.

* Am Rand jeder Hälfte eng nebeneinander 2 Löcher bohren und die Hälften locker mit Schnur verbinden.

* Zum Spielen lässig aneinanderschlagen.

Hexenklavier

* Walnuß-Schalenhälfte mehrmals in der Mitte fest mit Zwirn umwickeln, so daß eine „Saite" über der Öffnung verläuft; Enden verknoten.

* Zwirn verdrillen und Streichholz einschieben.

* Zum Spielen am Streichholz zupfen, so daß es auf den Schalenrand aufklickt und ein witziges Geräusch verursacht.

Musikbogen

* Einen biegsamen, glatten Zweig (1-2 cm Durchmesser) an beiden Enden etwas einkerben.

* Mit alter Geigen- oder Gitarrensaite bespannen (notfalls mit festem Gummi).

* In der Mitte nach Belieben eine feste Schnur-Schlinge anbringen, die verschiebbar ist, so daß an beiden Teilen immer wieder neue Töne entstehen.

* Zupfen oder mit dem Geigenbogen streichen.

Bambus-Säge

* Bambusabschnitt mit Wänden an beiden Seiten längs durchsägen.

* Kanten glätten.

* Mit 2 Saiten oder Gummis längs bespannen. Diese auf der Rückseite eventuell mit Schnur verlängern, falls sie nicht ganz herumreichen.

* Ein dünneres Bambusstäbchen zum Spannen zwischen Saiten und Bambus-Wanne schieben. Zupfen oder streichen. Ergibt 4 verschiebbare Töne. Echte Katzenmusik!

Holunderpfeife

* Etwa 8 cm langes Stück aus einem fingerdicken Holunderast zurechtschneiden.

* Mark mit einer Stricknadel herausdrücken und Innenwände mit einer Rundfeile glätten.

* Kanten glattfeilen.

* Eine Seite mit einem passend zugeschnittenen Korkstück schließen.

* Mit vorgewölbter Oberlippe so auf die Kante der senkrecht gehaltenen Pfeife blasen, daß der Luftstrom von der Kante zerschnitten wird.

Weidenflöte

* Im Frühling, wenn die Rinde saftig ist, glatten Weidenast zurechtschneiden: etwa 2 cm dick, 15-30 cm lang, ohne Verästelungen.

* Im unteren Teil einen Ring rund um den Ast einschneiden, so daß die Rinde vollständig durchtrennt ist.

* Oberen Astteil für das Mundstück abschrägen.

* Gegenüber, gleich unterhalb der Schräge, Kerbe herausschneiden (etwa 0,5 cm tief einschneiden).

* Rinde bis auf den schmalen Ring an der Unterkante gut naß machen, mit dem Stein oder Taschenmesser vorsichtig mehrmals rundum klopfen.

* Stab mit der ganzen Hand umfassen und Rinde vorsichtig vom Holzkern ziehen. Manchmal

geht es erst nach einigen Versuchen. Nicht die Geduld verlieren, die Rinde darf nicht einreißen!

* Rindenrohr beiseite legen.

* Oben vom Kern wie auf der Zeichnung Mundstück abschneiden, dieses vorn begradigen.

* Eine weitere Scheibe vom Holzkern abtrennen.

* Mundstück wieder passend in die Rindenröhre stecken.

* Holzkern ebenfalls wieder einführen.

* Zum Spielen den Kern immer hin- und herschieben, oben blasen. Das Instrument ergibt schöne klare Töne auf einer stufenlosen Tonskala. Mit mehreren Flöten läßt sich ein ganzes Orchester bilden.

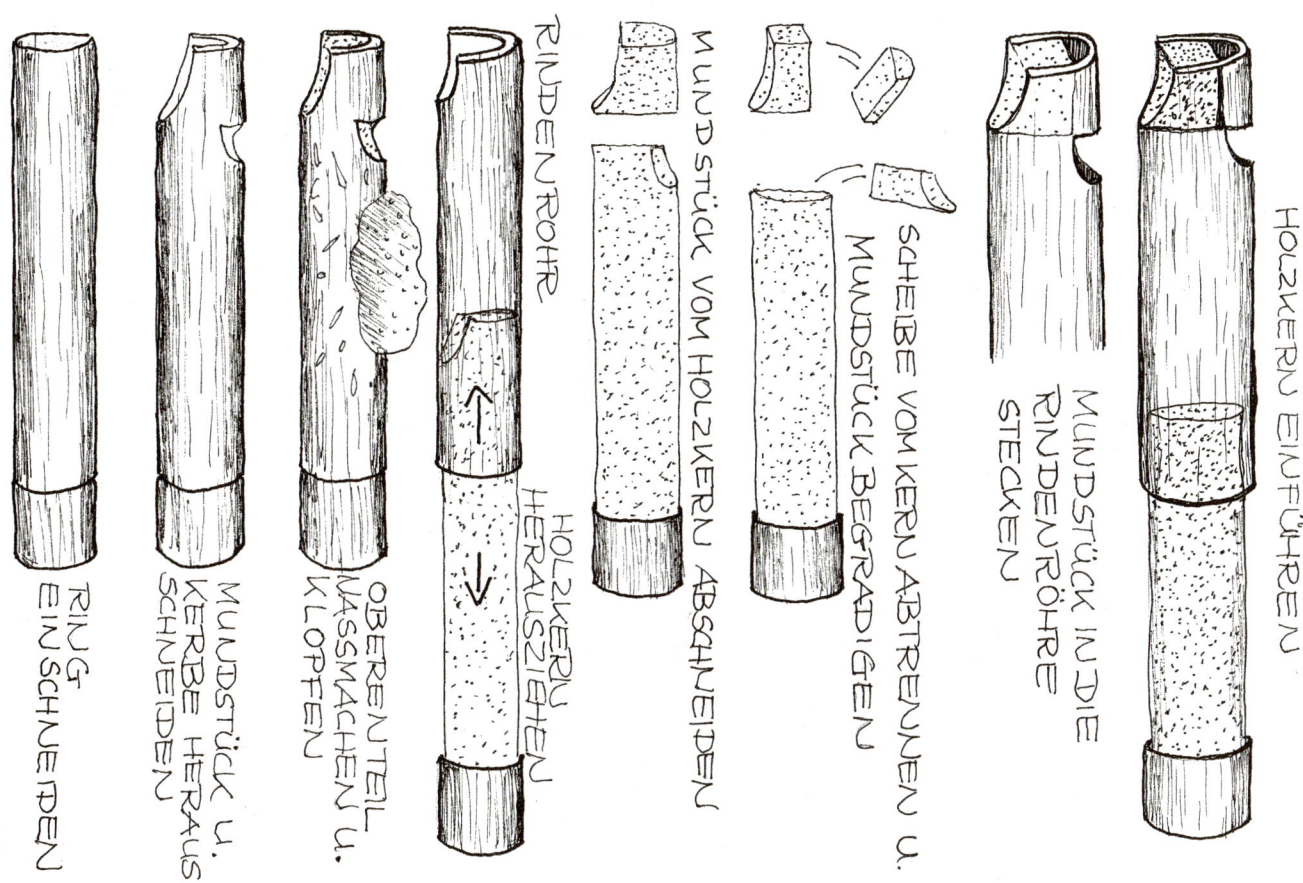

RING EINSCHNEIDEN

MUNDSTÜCK U. KERBE HERAUSSCHNEIDEN

MUNDSTÜCK U. MASSMACHEN U. KLOPFEN

OBERENTEIL

RINDENROHR

HOLZKERN HERAUSZIEHEN

MUNDSTÜCK VOM HOLZKERN ABSCHNEIDEN

MUNDSTÜCK BEGRADIGEN

SCHEIBE VOM KERN ABTRENNEN U.

MUNDSTÜCK IN DIE RINDENRÖHRE STECKEN

HOLZKERN EINFÜHREN

Klangbaum

STEINE

JOGHURTDECKEL

SCHOTENRASSEL

Ein kleiner Baum wird mit allen möglichen, im Wind klingenden „Instrumenten" behängt. Der Phantasie sind keine Grenzen gesetzt: Waagerecht in Astgabeln befestigte Metallrohr-Abschnitte unterschiedlicher Länge und Flaschen mit engem Hals heulen und pfeifen schön, wenn der Wind durchfährt. Alles, was klappern kann, wird so gebündelt, daß schon ein leiser Windzug es aneinanderschlagen läßt. Mehrere dicht übereinander aufgefädelte Joghurtdeckel, Holzstäbe, Eroberungen aus dem Küchenbereich wie Konservendosendeckel oder altes Besteck scheppern, wenn sie zusammenstoßen. Rasseln aus Schraubgläsern und Dosen werden mit Kies, Scherben oder sonstigen Abfällen gefüllt und an Schnüren so aufgehängt, daß sie bei Wind teilweise gegen die Äste schlagen.

Die besten Klangbäume entstehen im Winter und Frühjahr, wenn die Bäume kahl sind. Aber auch licht belaubte Bäume, an denen die „Instrumente" nicht gleich entdeckt werden, sind spannend. Hier ist die Überraschung für Vorbeikommende besonders groß, wenn der Baum plötzlich bei Wind Musik macht.

Wer keinen Baum hat, behängt ein Gerüst aus Holzstangen.

RASSEL AUS JOGHURTBECHER, HOLZSTAB, STOFF UND GUMMIBAND

BAMBUSSÄGE: AN SEGMENTEN ABGESCHNITTENES BAMBUSROHR MIT ZWEI SAITEN

Feiern mit Bäumen

Viele Feste und Feiertage im Jahreskreis sind traditionell mit einem bestimmten Baumschmuck verbunden: Maifeste mit dem geschmückten Maibaum, Frühsommer und Mittsommernacht mit frischem Birkengrün und natürlich die Weihnachtszeit mit dem Tannenbaum. Auch andere

Festlichkeiten lassen sich mit Ideen rund um den Baum zu einem unvergeßlichen Ereignis gestalten.

Die nachfolgenden Vorschläge lassen sich je nach Möglichkeiten oder Anlässen entsprechend abwandeln und können mit Spielen und Aktivitäten aus anderen Teilen des Buches kombiniert werden.

Blätter-Modenschau

Diese Attraktion eignet sich für heiße Sommertage, an denen die „Mannequins" nur mit Badesachen bekleidet sind. Große Blätter werden durch Flechten, Knoten, Ineinanderschieben, Einklemmen an den Badehosen oder mit Schnur zusammengebunden zu luftigen Natur-Kostümen.

Der Aufwand lohnt sich besonders, wenn auf einem improvisierten Laufsteg all die grünen Brillen, Lendenschurze, Röckchen, Kronen, BHs und was den Kindern sonst noch einfällt auf Erinnerungsfotos festgehalten werden. Am Schluß wird natürlich „Miss" oder „Mister Baum" gekürt.

Sommerliches Baumfest

Das alljährliche Sommerfest in Kindergarten, Schule oder Nachbarschaft wird unter das Thema Bäume gestellt und findet nach Möglichkeit in einem von Bäumen eingerahmten Hof oder Garten statt. Idyllische Feierplätze im Wald an einem Waldhaus oder Weiher müssen für die Besucher zu Fuß/per Rad erreichbar sein und erfordern etwas mehr Vorplanung. Außerdem ist hier die Kooperation mit dem Förster/Waldbesitzer Voraussetzung.

Wenn sich Eltern/Freunde/mehrere Gruppen an der Organisation beteiligen, bietet sich eine bunte Mischung aus Aktivitäten, Stärkungen, Information und Unterhaltung an verschiedenen Ständen an. Erwartete Besucherzahl und Kapazität der Beteiligten sind hier zu berücksichtigen.

Die Vorbereitungen werden auf „Komitees" übertragen, wobei auch Eltern und örtliche Umweltgruppen mitmachen sollten:

* Koordination: Gruppe mit organisatorischem Fingerspitzengefühl überlegt sich den Tagesablauf und koordiniert die Aktivitäten der „Komitees".

* Werbung: Plakate malen, Mundpropaganda, eventuell Lokalteil der Zeitung informieren; „Ehrengäste" einladen (bereits die Einladungskarten dem Thema entsprechend gestalten, Vorschläge auf Seite 38, 57, 64)

* Ausstattung des Festplatzes: Bänke, Tische und Stühle oder geliehene Biergarten-Garnituren, eventuell Zelt und Sonnenschirme; Toiletten, falls das Fest im Wald stattfindet; Bäume mit Girlanden oder Luftballons schmücken; Fackeln und Windlichter für den Abend; Aufräumdienst

für die Beseitigung der Spuren nach dem Fest; Geschirr und Besteck sowie Abwaschdienst.

* Getränke: für die Kinder Fruchtsäfte, Bowle, Holundersaft und -sirup, Wasser; eventuell Tee, Kaffee, Fruchtliköre für die Erwachsenen; für Kühlmöglichkeit sorgen (notfalls Waschbottiche mit kaltem Wasser).

* Eßstände: Kuchen (Standardrezepte mit Baum-Bezug wie Nuß-, Birnen-, Holunderkuchen, Fruchttörtchen; im Frühsommer frisch ausgebackene Holunderküchlein); Grill mit Tannengrün (Hähnchen, Gemüse etc.; eventuell dazu bunte Blatt- und Gurkensalate, die mit in sehr feine Streifen geschnittenen jungen Buchen-, Birken- und Lindenblättern gewürzt werden); Maroni-Stand; Vollkornbrot-Happen mit „Wald"-Belag (Seite 26); Obst (Obstsalat in halben Orangenschalen/Kokosnußschalen oder bunte Obst-Spieße).

* Baum-Ausstellung: von Kindern vorbereitet
  (Seite 21); eventuell mit Baum-Quiz und Prei-
  sen für die Besucher.

* Marktstand: Bastelarbeiten wie z.B. Schmuck
  aus Holz, Gegenstände aus Kokos, Kork und
  Bambus, Holztiere, Bilder aus gepreßten
  Blättern; Erlös kommt zusammen mit dem Geld
  von den Eßständen und der Lotterie einem vorher festgelegten Zweck zugute.

* Farben-Stand: hier können Besucher Baum-Farben selber zu Stimmungsbildern verarbeiten (Seite 57); Pinsel, Papier, Lappen, Gläser bereithalten; zwischen die Bäume gebundene Wäscheleinen mit Klammern als „Galerie" für fertige Kunstwerke benutzen.

* Musik-Stand: Riesen-Marimba, Rasseln in Großformat und andere Instrumente (Seite 69) zum Erproben des Holz-Klanges; als Einlage haben die Kinder ein kleines Lied mit Untermalung durch diese Instrumente einstudiert.

* Duft-Stand: ätherische Öle aus Bäumen; Potpourris zum Selbermischen; Duft-Ratespiel mit Baumteilen oder ätherischen Ölen (Seite 36).

* Klettergarten: größere Bäume, falls vorhanden, mit dicken Seilen, Strickleitern und Schaukeln behängen.

* Spielwiese: Baumkegeln, Wippe, Weitwurf, Wurfringe (auf aufgestellte Bohnenstangen werfen), „Wilhelm Tell" (eine Pappmaché-Figur oder eine lebensgroße Vogelscheuche erhält einen Apfel auf den Kopf, der mit Pfeil und Bogen oder Ball heruntergeschossen werden soll).

* Blätter-Modenschau: Wettbewerb um die ausgefallenste Kreation; Blätter erst unmittelbar vor dem Verwenden pflücken (falls keine echten Blätter vorhanden, Blätter aus grünem Papier ausschneiden).

* Walnuß-Lotterie: als Robin Hood verkleidete Kinder verkaufen Lose der Walnuß-Lotterie, der Erlös ist für eine umweltfreundliche Aktion bestimmt (Bäume pflanzen, örtliche Umweltschutzgruppe, Anschaffung einer Umwelt-Bibliothek für den Kindergarten o.ä.).

* Herolde: ebenfalls verkleidete Kinder sind mit Rasseln und sonstigen Instrumenten ausgerüstet und kündigen die besonderen Höhepunkte des Festes an.

* Baumpflanz-Aktion: glanzvoller Höhepunkt oder krönender Abschluß des Festes kann eine gemeinsame Baumpflanz-Aktion sein, an der sich alle beteiligen; neuer Baum als symbolisches kleines Gegengewicht zur Zerstörung der Wälder (Gieß-Dienst für die nächsten Tage nicht vergessen).

Walnuß-Lotterie

Für das Fest werden Lose in Walnüssen versteckt: ein paar Nüsse vorsichtig aufknacken, so daß die Schalenhälften ganz bleiben, Kern herausnehmen. Je ein Los hineinlegen, auf dem ein Gewinn steht („Gutschein für eine Kitzelmassage mit Tannenzweigen", „1 Baum-Menü", „1. Preis: Wald-Tour mit Führung" etc.) Die Schalen wieder unauffällig zusammenkleben, trocknen lassen und unter die normalen Walnüsse mischen. Auf 10 Nieten sollten 1 bis 2 Gewinne kommen. Alle Nüsse in einen Korb füllen. Wer eine Niete zieht, kann immerhin noch den Nußkern essen.

Baum-Spezialitäten fürs Fest

Brombeermilch
Zutaten:

Brombeeren

Honig

Vanillepulver

Milch

Mineralwasser

Pro Glas einige TL Brombeeren zusammen mit etwas Honig und Vanillepulver mit einer Gabel oder im Mixer pürieren. In hohen Saftgläsern mit Milch auffüllen und zum Schluß einen Schuß Mineralwasser zugeben. Schmeckt auch mit Himbeeren.

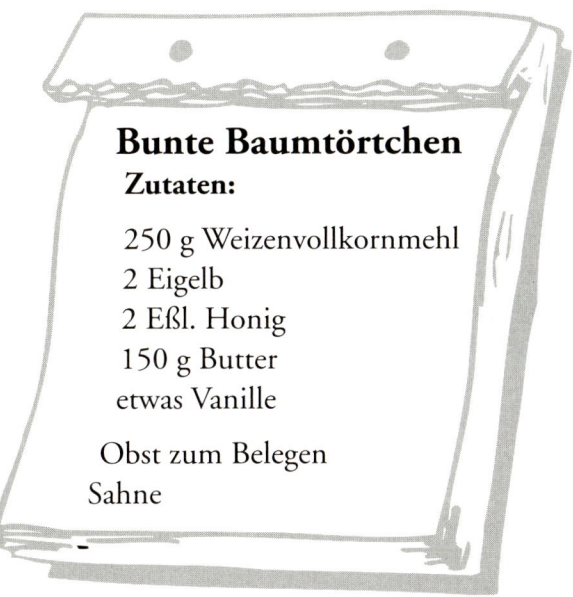

Bunte Baumtörtchen
Zutaten:

250 g Weizenvollkornmehl
2 Eigelb
2 Eßl. Honig
150 g Butter
etwas Vanille

Obst zum Belegen
Sahne

250 g gesiebtes Weizenvollkornmehl mit 2 EL Honig, 2 Eigelb, 150 g Butter und etwas Vanille verkneten und in walnußgroße Stücke teilen. Jede Teigkugel mit bemehlten Händen zu einer etwa 5 mm dicken Platte drücken. Auf dem gefetteten Backblech etwa 10 Minuten bei 200 Grad backen.

Vor dem Servieren Sahne aufspritzen und mit gemischten Obststückchen (Himbeeren, Brombeeren, Birnen- und Pfirsichspalten, Pflaumen, Kirschen) belegen. Nach Belieben Sahne in mehreren Geschmacksrichtungen vorbereiten (mit etwas Hagebuttenmark, frischem Obstmus, Ahornsirup oder geriebenen Nüssen mischen). So entsteht eine bunte Auswahl.

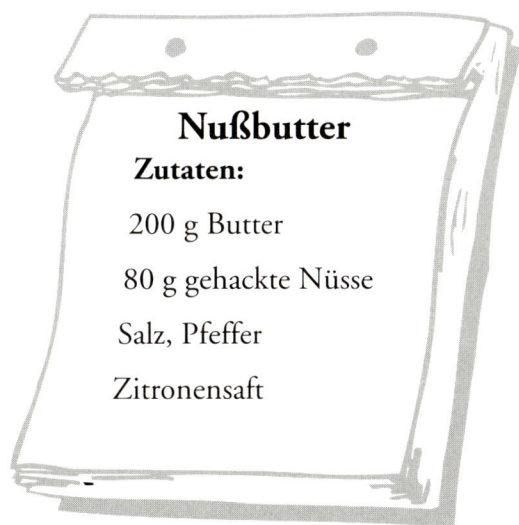

Nußbutter
Zutaten:

200 g Butter

80 g gehackte Nüsse

Salz, Pfeffer

Zitronensaft

200 g weiche Butter mit 80 g kurz in der trockenen Pfanne angerösteten, gehackten Nüssen vermischen, mit Salz, Pfeffer und Zitronensaft abschmecken. Paßt gut zu Vollkornbrot.

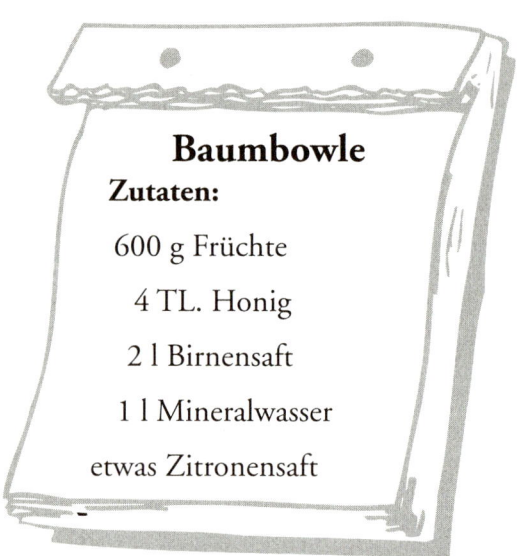

Baumbowle
Zutaten:

600 g Früchte

4 TL. Honig

2 l Birnensaft

1 l Mineralwasser

etwas Zitronensaft

Etwa 600 g Früchte (Brombeeren, Apfel- und Bir-
nenschnitze, Kirschen, Pfirsichspalten) mit 4 TL
Honig vermischen, ziehen lassen. Auf Holzspieße
verteilen. In eine große Schale legen, mit 2 l
Birnensaft auffüllen und 2-3 Stunden im
Kühlschrank ziehen lassen. In große Glasschale
oder Pokal füllen, mit etwas Zitronensaft
abschmecken und mit 1 l kaltem Mineralwasser
auffüllen. Die Bowle wird mit Eiswürfeln serviert,
in die kleine Himbeer- oder Brombeerblätter ein-
gefroren wurden.

Johannisbeermet
Zutaten:

200 g frische Johannisbeerblätter

1 l Wasser

80 g Honig

8 g Zitronensäure

200 g frische junge Johannisbeerblätter (schwarze
und rote sind im Geschmack recht
unterschiedlich, gehen aber beide) kleinschneiden
und mit 1 l kochendem Wasser übergießen.
Abkühlen lassen. 80 g Honig und etwa 8 g Zitronensäure zugeben. Abseihen, in Flaschen füllen
und verkorken. Über Nacht bei Zimmertempera-
tur stehen lassen. Später gekühlt lagern. Beim Servieren einige frische Beeren und Blätter ins Glas
geben.

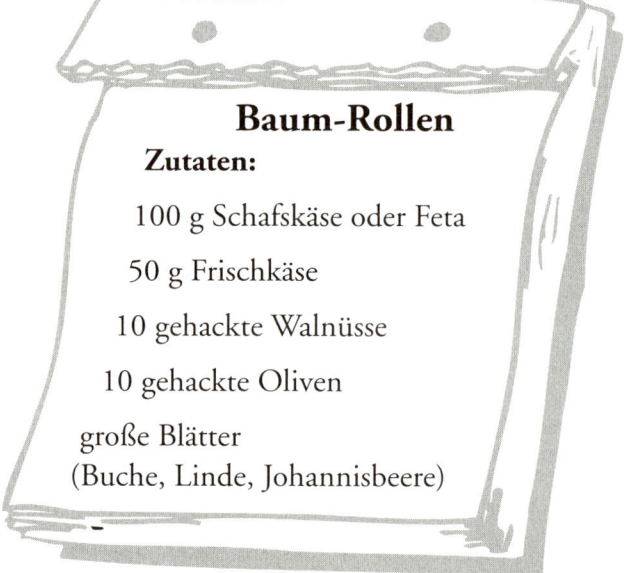

Baum-Rollen
Zutaten:

100 g Schafskäse oder Feta

50 g Frischkäse

10 gehackte Walnüsse

10 gehackte Oliven

große Blätter
(Buche, Linde, Johannisbeere)

100 g Schafskäse oder Feta zerbröseln und mit 50 g
Frischkäse mischen. 10 gehackte Walnüsse und 10
kleingeschnittene Oliven unterheben. Die Masse
wird teelöffelweise auf gewaschene große Blätter
(Buche, Linde, Johannisbeerblätter) gefüllt, tüten-
förmig zusammengerollt und mit einem Holzspießchen gehalten. Kühlen und mit Brot servieren. Die Blätter dienen als „Frischhalteverpack-
ackung" und werden nicht mitgegessen.

Besteck und Geschirr im Urwald-Stil

Behältnisse und Gerätschaften aus Zweigen und Blättern dienen an den kulinarischen Ständen als Blickfang. Verarbeitet werden möglichst glatte, teilweise schon entrindete Äste vom Waldboden oder frisch zurechtgeschnittene aus dem Garten (möglichst Zweige nehmen, die sowieso geschnitten werden sollen). Besonders eignen sich Hasel- und Weidengerten. Äste für Besteck müssen auf jeden Fall entrindet werden. Bei Körben und Tabletts kann die Rinde bleiben, wenn sie mit Blättern oder Servietten ausgekleidet werden.

Dickere Äste werden - mit dem Taschenmesser leicht zugeschnitten oder vorn angespitzt (dabei auf die Finger achten!) - zu Spießen, chinesischen Eßstäbchen, Gabeln, Quirlen (Tanne und Fichte wachsen von Natur aus quirlförmig).

Abgeflachte dickere Äste sind praktische Streichmesser für Butter und cremige Brotbeläge,

kleine Hölzchen ergeben Cocktailspieße für Obst und Baum-Rollen. Äste mit keulenartig zugeschnitztem Ende dienen als Honiglöffel. Serviettenringe werden aus Blättern und Halmen gewunden.

Viereckige Körbe und Tabletts bindet man mit Schnur zusammen: Äste über Kreuz an einer Querleiste befestigen. Damit die Teile beim Binden nicht verrutschen, am besten zu zweit arbeiten oder dünnere Ästchen zunächst mit Wäscheklammern aneinanderstecken. Wenn Kinder diese Teile basteln, arbeiten sie am besten zu zweit an einem Stück.

Schalen zum Trinken und für Obstsalate entstehen aus halbierten, geglätteten Kokosnüssen (Seite 46) und halbierten Orangenschalen.

Besonders langfristig verwendbar ist ein Brett aus einer Astscheibe (Hartholz).

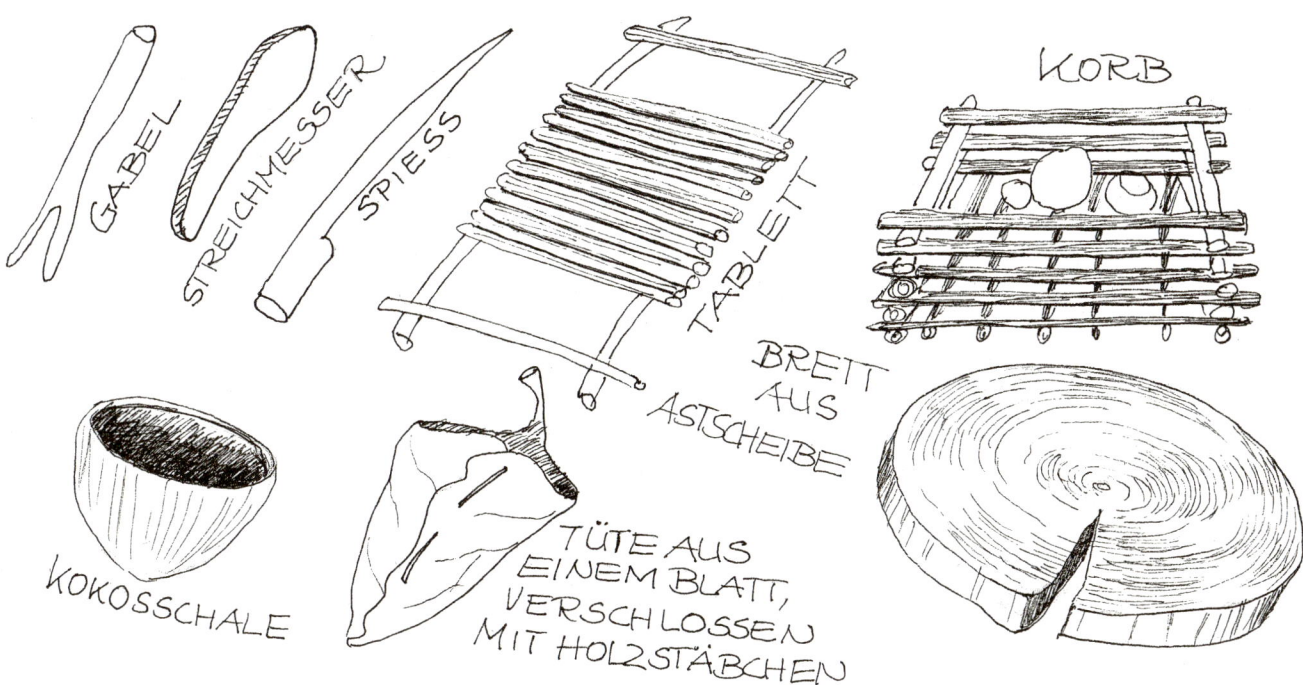

Christbäume

Weihnachten, das für viele wichtigste Fest im Jahreskreis, ist ohne Bäume kaum denkbar. Die im Advent verkauften Christbäume stammen oft aus speziellen Pflanzungen. Blautannen und sonstige attraktive Arten werden extra angepflanzt und sind entsprechend teuer.

Andere Bäume kommen aus dem Wald. Beim Wachsen des Waldes muß zwischen den eng stehenden Bäumen immer wieder ausgedünnt werden, damit sie sich nicht gegenseitig behindern. Solcher Überschuß ist als Holzlieferant oft noch zu klein und kann eigentlich nur für Christbäume sinnvoll verwendet werden. Die Natur wird dadurch nicht geschädigt. Wer also seinen Christbaum nicht mit Wurzeln direkt im Topf kaufen möchte, kann auch ruhigen Gewissens einen Baum aus dem Wald wählen.

Die meisten Forstämter und auch viele private Waldbesitzer geben vor Weihnachten Termine bekannt (beim Forstamt erfragen; Tageszeitung), zu denen man für ein paar Mark direkt im Wald einen Baum kaufen oder selber fällen kann.

Alle Jahre wieder: Weihnachtsschmuck mit Bäumen

Zimmerschmuck und kleine Geschenke aus Naturmaterialien passen besonders gut in die dunkle Jahreszeit, lassen sich einfach selber basteln und wirken dem alljährlichen Konsumrausch etwas entgegen. Sammeln Sie zunächst zusammen mit den Kindern reichlich Grundstoffe, so daß sie beim Verarbeiten aus dem vollen schöpfen können. Aufgebügelte Schleifen, Buntpapierreste und sonstiges Recycling-Material macht die Bestände noch attraktiver und zeigt, daß auch ohne großen kommerziellen Aufwand tolle Dekorationen möglich sind. Wenn Klassenzimmer oder Kindergarten geschmückt sind, fertigen die Kinder Teile für zu Hause bzw. zum Verschenken an.

Weihnachtsstrauß

Aus Zweigen entstehen bunt gemischte Waldsträuße für Wohnräume. Kleinere Büschel binden die Kinder mit Schleifen zusammen und hängen sie kopfüber als Türschmuck auf. Die Sträuße können mit nachfolgend beschriebenem Zweigschmuck verziert werden. Übrigens: Tannenzweige halten viel länger als Fichten, diese verlieren schnell die Nadeln. Neben Nadelzweigen (Tanne, Fichte, Kiefer, Wacholder, Lebensbaum) sehen auch kahle Äste von Laubbäumen schön aus. Besonders begehrt sind Äste mit Zapfen und immergrüne Bäume (Buchsbaum - giftig!, Stechpalme - giftig!, Schneeball - giftig!, Lorbeer, Kirschlorbeer, Efeu - giftig!, Mistel).

Zweigschmuck

Wollfäden, Geschenkbänder (Recycling!), Bastfäden und ähnliches werden wie Girlanden in die Zweige gehängt. Aus rotem oder buntem Papier (sehr gut eignet sich Glanzpapier aus alten Prospekten) basteln die Kinder Sterne und Herzen zum Aufhängen, Alu-Joghurtdeckel werden zu glitzernden Sternen. Sie binden dicke Walnüsse, Tannenzapfen, polierte kleine rote Äpfel, selbstgebackene Lebkuchen oder Plätzchen und ebenfalls in rotes Papier eingepackte Süßigkeiten an Schleifen oder Wollfäden. Dazu passen Samenkugeln von Platanen, getrocknete Zitronen- und Orangenscheiben (ein paar Tage an die Heizung legen und immer wieder wenden), Spiralen oder „Nester" aus Orangenschalen, kleine Bündel aus Zimtstangen und was einem sonst noch einfällt.

Etwas aufwendiger ist Schmuck aus Wachsresten: rote oder gelbe Kerzenreste bei sehr schwacher Hitze in einem alten Topf auf dem Herd schmelzen. In der Zwischenzeit ein glattes Backblech oder Metalltablett dünn mit Pflanzenöl bestreichen. Das dickflüssige, gerade eben geschmolzene Wachs hineingießen, so daß eine etwa 5 mm dicke Schicht entsteht. Sobald das Wachs nicht mehr flüssig, aber noch lauwarm ist, mit Plätzchenformen Sterne, Herzen etc. ausstechen. Mehrere Kinder können sich gleichzeitig betätigen. Jedes Teil mit einem Streichholz sofort einstechen (Öse) und vom Blech nehmen. Abgekühlt mit einer Schleife versehen und aufhängen.

Adventskranz

Material:

Tannenzweige
Astschere
alte Schere oder Drahtschere
dicker Draht oder Holzgerten
grüner Blumendraht
Schnur
Dekorationsmaterial (Schleifen, Bänder, Sterne u.ä.)
Kerzen

Buschige Zweige von Nadelbäumen und immergrünen Sträuchern werden in reicher Auswahl zusammengetragen. Es reichen Abfallstücke von etwa 20-30 cm Länge. Formen Sie aus Holzgerten oder dickem Draht einen Ring mit dem gewünschten Durchmesser (30-50 cm). Die Enden werden verdrillt bzw. festgeknotet.

Die Kinder binden je etwa 3 Zweige am Stielende zusammen. Dazu eignet sich ebenfalls am besten grüner Blumendraht. Auch hier den Draht verdrillen, lange Drahtenden zum Befestigen am Ring lassen. Nacheinander legen die Kinder ihr Zweigbündel mit den büscheligen Enden nach links auf den Ring und führen den Draht mehrmals um Ring und Zweigenden. Verdrillen, so daß die Zweige fest aufliegen. Jetzt immer wieder eine Reihe neuer Zweige rechts von der vorherigen über die Drähte fügen, so daß die buschigen Enden immer nach links schauen und die Befestigung verdecken, bis der ganze Ring dicht bedeckt ist. Nach Belieben nochmals spiralförmig mit Draht umwickeln. Wenn viele Kinder mitmachen, werden mehrere Kränze gebunden. Sie schmücken das Grün mit selbstgebastelten weihnachtlichen Accessoires und Kerzen.

Kerzenring

Jedes Kind biegt einen etwa untertassengroßen Ring aus dickem Draht zurecht. Enden verdrillen. Mit Blumendraht werden wie beim Adventskranz kleine Zweigchen, Gewürze (Zimtstangen, Sternanis, Gewürznelken), kleine Lärchenzapfen, Holz- und Rindenstückchen, immergrüne Blätter und sonstige Teile am Ring befestigt. Er wird rund um eine große Stumpfkerze auf einen passenden Teller gelegt.

Adventskalender

Die Kinder verpacken winzige Geschenke und Süßigkeiten (Tannenzapfen, kleine Kerze, Blatt mit einem Baum-Gedicht) in buntem Papier (wiederverwendetes Geschenkpapier, Prospekte) und binden diese mit bunten Wollfäden zu. Beschriftet werden sie von 1 bis 24. Sie hängen die Päckchen in einen großen Tannenzweig oder alle nebeneinander an einen kahlen Ast, der horizontal an der Wand oder im Fenster befestigt wird. Zusätzlich wird das Ganze mit Zapfen, kleinen Tannenzweigchen und sonstigen weihnachtlichen Dingen geschmückt.

Vogel-Freßbaum

Zu Weihnachten bekommen auch die Vögel draußen einen besonderen Gabentisch: Die Kinder behängen einen kahlen kleinen Baum oder einen im Freien aufgestellten Ast (in einen mit Sand gefüllten Eimer stecken) mit gebündelten Leckerbissen, wie bunten Beeren (Hagebutten, Sand- und Feuerdorn, Holzäpfel), Obststücken, Getreideähren vom Herbst, Vogelknödeln mit Rosinen und Sonnenblumenkernen etc.

Weihnachts-Igel

Jedes Kind spickt eine Orange mit allen möglichen Gewürzstücken (dünne Zimtstangen, Gewürznelken, Orangensternen von Seite 38) und kleinen Tannenzweigchen.

Plätzchenmuster

Selbstgebackene Plätzchen aus festem Knetteig werden mit einem selbstgemachten Holzstempel verziert. Dazu ein 2-3 cm dickes Aststück gerade abschneiden, an einem Ende ein Kreuz oder einen Stern einkerben (Taschenmesser). Gut abschmirgeln. Plätzchenteig etwas dicker als normal ausrollen, runde Formen in Größe des Stempels oder größer ausstechen. Jede Teigscheibe mit dem bemehlten Aststempel verzieren. Wie gewohnt backen.

Zapfen-Anhänger

Große Zapfen schließen sich bei Kälte und gehen in der Wärme auf. Zwischen die Schuppen eines geöffneten Zapfens werden kleine Süßigkeiten oder winzige Geschenke gesteckt. Legt man ihn in einen kühleren Raum, dann schließt er sich wieder und hält den Inhalt fest. An einer Schleife aufhängen.

Winterlicher Waldgarten

In eine Schale mit ebenem Boden (Auflauf- oder Backform aus Keramik, großer Teller) füllen die Kinder dicht aneinander verschiedene Moossorten aus dem Wald. Dazu kommen Steine als „Felsblöcke" und kahle Äste sowie Tannengrün als „Bäume". Es entsteht eine kleine Waldlandschaft. Wenn die Kinder das Moos alle paar Tage leicht gießen, bleibt es wochenlang grün. Die Landschaft kann mit weihnachtlichen Figuren, beispielsweise einer Schäfchen-Herde, belebt werden. Wie einfache Schafe aus Korken, Wolle und Streichhölzern entstehen, ist auf der Zeichnung zu sehen.

GETROCKNETE ORANGEN-SCHALE

GETROCKNETE ORANGENSCHEIBE

ZIMTSTANGEN

NELKEN

WEIHNACHTSIGEL

ZAPFEN-ANHÄNGER

LORBEERBLÄTTER

SCHAFKOPF AUS PAPIER WIRD ANGEKLEBT

SCHAFE AUS KORKEN, MIT WOLLE BEKLEBT. BEINE AUS STREICHHÖLZERN

Vorweihnachtliches Baumfest

Vor dem Start in die Weihnachtsferien feiern die Kinder zusammen. Wenn die Dekorationen gebastelt und die Räume festlich geschmückt sind, bereiten die Kinder selbstgemachte kleine Geschenke für Gäste und die Familie vor. An einem weiteren Tag werden vorweihnachtliche Süßigkeiten (Fruchtkugeln, Lebkuchen, Plätzchen, Marzipan) hergestellt, verpackt und zum Aufhängen mit Schleifen versehen.

Im Mittelpunkt steht ein Baum oder einige große Zweige, die von allen gemeinsam nach den vorangegangenen Vorschlägen dekoriert werden.

Zur Stärkung gibt es Holunderpunsch, Tees (Seite 25), Baum-Süßigkeiten und Maroni. Viele bekannte Weihnachtsbäckereien erhalten einen Bezug zu unserem Thema „Bäume", wenn man sie mit Hagebuttenmark, Wildfrucht-Marmelade oder selbst geernteten Nüssen zubereitet.

Der Raum wird mit Zweigen beräuchert (Seite 39). Neben den üblichen weihnachtlichen Liedern und Gedichten wird eine Geschichte mit Baum-Bezug vorgelesen oder gespielt. Dazu eignen sich u.a. Andersens Märchen vom Tannenbaum und von der alten Eiche.

Schleckereien für die Weihnachtsfeier

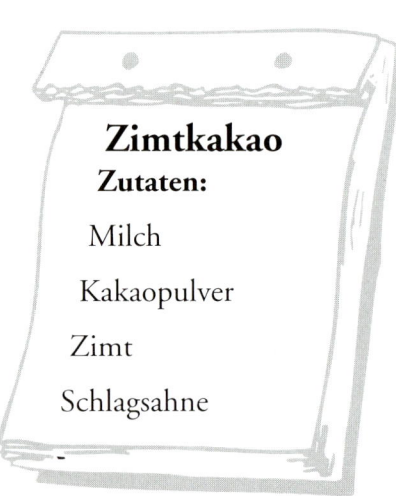

Zimtkakao
Zutaten:

Milch

Kakaopulver

Zimt

Schlagsahne

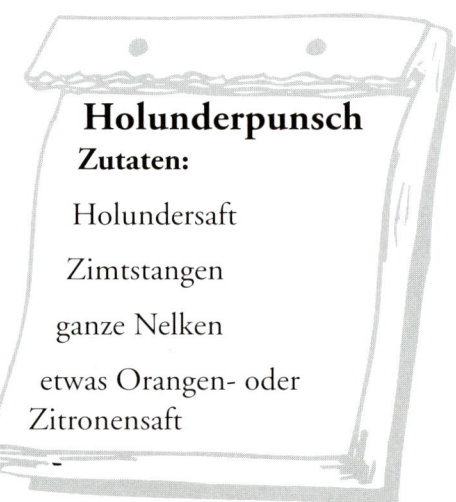

Holunderpunsch
Zutaten:

Holundersaft

Zimtstangen

ganze Nelken

etwas Orangen- oder Zitronensaft

Milch aufkochen und pro Tasse 1 TL Kakaopulver mit einer Prise Zimtpulver mischen und mit etwas Schlagsahne garnieren.

Holundersaft mit Zimtstangen und Nelken (pro halbem Liter je eine) erhitzen, aber nicht kochen. In Gläser absieben, mit einem Spritzer Orangen- oder Zitronensaft abschmecken, mit Zitronen- und Orangenscheiben garnieren.

Knabbermandeln

Zutaten:

100 g Mandeln

1 EL Speiseöl

etwas Salz

Paprikapulver oder gem. Kreuzkümmel

100 g Mandeln etwa eine Minute in kochendem Wasser ziehen lassen, abgießen, Schalen abziehen. Mit 1 EL Speiseöl und etwas Salz mischen. In der heißen Pfanne (oder im Backofen bei 160 Grad) goldgelb rösten. Kurz vor dem Herausnehmen mit etwas Paprikapulver oder gemahlenem Kreuzkümmel mischen. Abkühlen lassen und eventuell nachwürzen.

Dattelschiffe

Zutaten:

frische o. getrocknete Datteln
Frischkäse
Currypulver
Zitronensaft
evtl. etwas Milch
zum Garnieren: Lorbeerblätter

Große, frische oder getrocknete Datteln längs aufschneiden. Frischkäse mit einer Prise Currypulver, einem Schuß Zitronensaft und eventuell etwas Milch verrühren. Käsemasse in die geöffneten Datteln spritzen. Je ein Lorbeerblatt als „Segel" einstecken.

Heiße Maroni

Eßkastanien auf der flachen Seite kreuzförmig einschlitzen. Nebeneinander in eine Pfanne mit etwa 1 cm heißem Wasser legen und bei geschlossenem Deckel etwa 20 Minuten leicht kochen, bis das Innere weich und mehlig ist. Heiß essen. Sie können auch ohne Wasser auf einem Backblech im Ofen geröstet werden.

Marzipan-Baumstämme

Zutaten:

100 g Wal- o. Haselnüsse oder Mandeln

2 TL Honig

Kakaopulver

grob gehackte Nüsse

100 g Wal- oder Haselnüsse oder Mandeln zweimal durch die Mandelmühle mahlen. Mit etwa 2 TL festem Honig mischen und mit der Gabel verkneten, bis eine cremige Masse entstanden ist. Etwa ein Drittel der Masse mit etwas Kakaopulver verkneten. Helle und dunkle Masse in Platten drücken, aufeinanderlegen, zusammenrollen. „Baumstamm" in grob gehackten Nüssen wälzen, andrücken, mit etwas Kakaopulver bestäuben. In dicke Scheiben schneiden. Die Kerne werden vor dem Mahlen nicht geschält. So entsteht ein dunkles Marzipan, das herzhafter als das gekaufte weiße schmeckt.

Schoko-Früchtchen

Zutaten:

weiße Schokolade

dunkle Schokolade

frische o. getrocknete Früchte

Holzspieße

etwas Speiseöl

Je 1/2 Tafel weiße und dunkle Schokolade im Wasserbad erhitzen. Gewaschene und trockengetupfte frische Fruchtstücke oder Trockenobst einzeln auf Holzspießchen stecken und mit einem Eck in die Schokolade tauchen. Auf einem leicht mit Speiseöl eingefetteten Porzellanteller trocknen lassen. Frisch servieren.

Ungesüßte Pflaumenmarmelade

Zutaten:

100 g Trockenpflaumen

40 ml Hagebuttentee

20 g Walnüsse od. Mandeln

etwas Zimt

100 g Trockenpflaumen kleinschneiden, über Nacht in etwa 40 ml Hagebuttentee einweichen. Am nächsten Morgen im Mixer pürieren. Zimt und 20 g gehackte Walnüsse oder Mandeln zufügen. Schmeckt als Plätzchenfüllung oder auf Vollkornbrot. Hält sich im Kühlschrank einige Tage.

Schneemänner

Zutaten:

pro Schneemann:

20 g Trockenaprikosen

2 EL Orangensaft

20-30 g frische Kokosraspeln

für die Dekoration: Cocktailstäbchen, Wacholderbeeren, Zimtstangen, Nelken, kleine Zweige

Pro „Schneemann" 20 g weiche, süße ungeschwefelte Trockenaprikosen kleinschneiden und in 2 EL Orangensaft etwa 3 Stunden einweichen. Im Mixer oder mit dem Pürierstab pürieren. Mit 20-30 g frischen Kokosraspeln vermischen. Aus jeder Portion 2 größere und 1 kleinere Kugel formen und in weiterer Kokosflocken wälzen. Die 3 „Schneekugeln" wie einen Schneemann aufeinandersetzen. Damit sie zusammenhalten, auf ein Cocktailstäbchen stecken. Wacholderbeeren als Augen ins Gesicht drücken. Mit Zimtstangen „Haare", mit Nelken „Knöpfe" und mit Zweigen „Arme" bilden.

Phantastische Baumwelten

In vergangenen Zeiten hatten die Bäume überall auf der Welt eine ganz besondere Bedeutung für die Menschen. Als belebte, mit einem Geist ausgestattete Wesen waren sie ein wichtiger Bestandteil der täglichen sowie der rituellen Umgebung (Heiliger Hain, Schutz- und Bann-Bäume, Lorbeerkranz, heilige Bäume). Im letzten Kapitel wollen wir versuchen, uns dieser nicht materiellen Seite der Bäume zu nähern.

Bäume in Märchen und Sagen

Kennt jemand Geschichten, bei denen Bäume eine wichtige Rolle spielen? Kleinere Kinder denken zuerst an unsere bekannten Märchen. Viele davon spielen im tiefen Wald. Daraus ist zu ersehen, daß es zu der Zeit, in der sie entstanden, viel mehr Bäume gab als heute. Die Helden wohnen in Hütten im Wald („Schneeweißchen und Rosenrot", die Großmutter von „Rotkäppchen"). Manchmal haftet dem Wald etwas Unheimliches oder Geheimnisvolles an (die Hexe von „Hänsel und Gretel" in ihrem Hexenhaus). Es wimmelt von wilden Tieren, geheimen Schätzen unter Baumwurzeln und Leuten, die sich tagelang in den riesigen Wäldern verlaufen oder verstecken. Oder Bäume tragen goldene Früchte oder geben Geschenke („Aschenputtel" erhält immer schöne Kleider vom Haselstrauch am Grab ihrer Mutter).

Schulkinder kennen bereits einige Sagen des klassischen Altertums. Besonders schöne Szenen finden sich beim griechischen Helden Odysseus, der einen engen Bezug zu Bäumen hat: Schon als Kind bekommt er von seinem Vater einen ganzen Garten mit vielen, genau bezeichneten Obstbäumen geschenkt. Immer wieder muß er sich auf seinen Irrfahrten in Pappelhainen verstecken, darf sich unter Olivenbäumen oder auf einem Lager aus Blättern ausruhen und kann sich sogar durch den Griff nach einem herabhängenden Feigenbaum aus der Todesgefahr zwischen Scilla und Charybdis aus dem Meer retten. Und sein großes Geheimnis ist sein Bett, das aus dem noch in der Erde verwurzelten Stumpf eines riesigen alten Olivenbaums besteht. Seinen ganzen Palast hat er rund um den Stumpf gebaut.

Die altnordischen Sagen, die vor über 1000 Jahren in Skandinavien entstanden, stellten sich die ganze Welt in Form eines riesigen Baumes vor. Diese sogenannte Welt-Esche trägt den sonderbaren Namen Yggdrasil.

Unter den Zweigen des heiligen Baumes Yggdrasil liegt rund um den Stamm das Reich der Menschen. In den Ästen wohnen ein Eichhörnchen und ein Adler, 4 Hirsche fressen an den Zweigen. Unter der Erde liegt die Unterwelt mit 3 Quellen, Drachen und Schlangen. Auch die Riesen leben hier (Jotunheim), ebenso die Götter (Asen). Die Baumwurzeln verbinden die Reiche Midgard (mit der Midgardschlange), Asgard (Sitz der Götter) und Niflheim („Nebelheim"). Auch die 3 Schicksalsgöttinnen (Nornen) sitzen hier unten und bewässern die Wurzeln. Wenn einmal der Weltuntergang naht, wird der Baum zu beben beginnen, und alles wird verbrennen.

Solche Szenen aus den Sagen oder Märchen - vorher als Kettengeschichte erzählt oder spannend vorgelesen - ergeben mit Wasserfarbe oder Wachskreiden dargestellt ausdrucksstarke Gemälde. Im Anschluß daran denken sich die Kinder selber eine Baum-Geschichte aus, die sie ebenfalls großformatig illustrieren. Auch die Sprichwörter von Seite 88 eignen sich übrigens sehr gut als Malmotive.

Bücher aus Buchen

Was haben Bücher mit Bäumen zu tun? Das Wort „Buch" (althochdeutsch „buoh")
leitet sich von dem Baum Buche (althochdeutsch „buohha") ab: Buchenholztäfelchen,
in die „Buchstaben" geritzt wurden, verwendete man für Mitteilungen. „Staben"
bedeutet „Stäbe", denn die ersten Buchstaben waren aus länglichen Strichen gebildet.
Man heftete mehrere eingeritzte Holztafeln - ähnlich wie heute Bücher aus Papier - zusammen. Später wurden die Buchstaben auf Pergament, Papier und andere Untergrün-
de geschrieben, geritzt und gedruckt, doch der Name „Buch" blieb.

Außerdem warfen die alten Griechen und Germanen auch gern Holzstäbchen und sag-
ten aus deren Anordnung nach dem Fallen die Zukunft voraus. Holz hat also auch viel
mit Wissen zu tun.

Baumgeister

Wenn möglich, machen Sie mit den Kindern im
Herbst eine kurze Baum-Wanderung in der
Abend- oder Morgendämmerung. Mit Taschen-
lampen oder Laternen beschienen, beginnen die
flackernden Silhouetten der Bäume richtig zu tanzen und nehmen geisterhafte Züge an. Daran anknüpfend benennen die Kinder selber die von ihnen „entdeckten" Baumgeister und denken sich
kleine Geschichten zu ihnen aus.

Oder die Kinder suchen einen Vorrat an biegsamen Zweigen, starren, knorrigen Ästen und
Früchten wie Kastanien, Samenkapseln etc. 1 oder
2 stärkere, unten angespitzte Äste, die sich leicht in
den Boden stecken lassen, dienen als „Körper".
Daran werden „Arme", „Beine", „Antennen" und
so weiter aus glatten oder verzweigten Ästen mit
Schnur angeknotet oder mit Draht festgedreht.
Zwei baumelnde Hagebutten werden zu Augen,
ein Blätterkranz zu Haaren, Erlen und Bucheckern
zu Ohrringen ... Solche Geister bevölkern bei-

spielsweise die niedrigen Büsche vor dem Hausein-
gang und die Blumenkästen auf dem Balkon.
Große dürre Wesen aus Ästen stehen vor der
Hauswand und werfen ihre wilden Schatten.

Geheimnisvolle Weiden

 Viele Bäume haben besondere Fähigkeiten oder Inhaltsstoffe, für die sie bekannt sind. Ein sehr bezeichnendes Beispiel hierfür ist die Weide.

Sie steht gern am Wasser, an Bächen und Seeufern. Die Sonderform der Trauerweiden mit herabhängenden Zweigen ist oft in Parks zu finden. Weiden sind so vital, daß sogar nur in den feuchten Boden gesteckte Weidengerten meist Wurzeln schlagen und zu einem neuen Baum auswachsen. Die beste Zeit, um dies zu demonstrieren, ist das frühe Frühjahr oder der späte Herbst.

Die Rinde der Weiden enthält einen Stoff, der schmerzlindernd wirkt und chemisch mit der Salicylsäure verwandt ist, die in vielen Schmerztabletten verwendet wird.

Korbflechten

Seit Jahrhunderten flechten geschickte Korbmacher aus geschmeidigen Weidengerten Körbe und Behältnisse, sogar Beeteinfassungen, Zäune und Korbmöbel. Dies erfordert viel Kraft und Können. Wir schauen uns solche Produkte genauer an. Die langen, biegsamen Ruten stammen meist von Kopfweiden. Das sind durch Kappen des Stammes künstlich niedrig gehaltene Silberweiden oder Hanfweiden. Sie bilden keine normalen Äste aus, sondern direkt aus dem Stamm sprießen im Frühjahr feine, gerade Triebe.

Geschnitten werden die Ruten im Winter. Wenn Sie in Ihrer Gegend welche besorgen können, probieren die Kinder die Eigenschaften aus. Sie basteln eventuell kleine Gebilde (Gerten verbiegen, verdrillen, um ein Gertenkreuz drehen, mit Schnur verbinden). Das Holz ist sehr elastisch und bricht nicht. Sogar einen kleinen Zaun haben alle zusammen schnell fertig: Sie stecken alle Handbreit eine kleine Gerte in den weichen Boden, zum Beispiel als Beet- oder Wegeinfassung.

Die freien Enden werden abwechselnd vor und hinter den folgenden Gerten durchgezogen und die Spitzen wieder in den Boden gesteckt. Manchmal schlägt das Geflecht sogar aus, so daß der Zaun zu grünen beginnt. Dazu muß es im Frühjahr oder Herbst in feuchten Boden gesteckt werden.

Ruten schnitzen

Besonders im Frühjahr, wenn die Rinde frisch und saftig ist, lassen sich dünne Weidenäste (auch Holunder oder Haselnuß) mit dem Taschenmesser toll verzieren. Einfache Muster ausdenken, die Umrisse glatt in die Rinde schnitzen und einen Teil der Rinde abheben. Dickere Äste ergeben altmodische Wanderstäbe; dünnere einen Taktstock, Zauberstab, Bogen, Blumenstab, Fahnen- oder Laternenstange; verzweigte eine Steinschleuder, einen Schnur-Halter und so weiter. Eine schöne Arbeit für unterwegs!

Wünschelruten

Die seltsamste, bisher nicht erklärte Eigenschaft der Weiden ist ihr angeblicher Zug zum Wasser hin.

Ob Wünschelruten wirklich Wasseradern aufspüren können, ist zweifelhaft, obwohl Wissenschaftler sich seit langem intensiv mit dieser Frage beschäftigen. Jedenfalls probieren die Kinder das Phänomen immer wieder gerne aus. Eine feuchte große Flußwiese ist der ideale Ort dafür.

Eine dünne Weidengerte mit zwei gleich starken Verzweigungen wird zurechtgeschnitten. Wenn die Rute wie ein Fahrradgriff gehalten wird - aber mit den Handrücken nach unten -, zieht das starke Ende kräftig nach unten. Beim Wandern über die Wiese spüren manche Leute das an einigen Stellen plötzlich sehr stark.

Früher haben viele Menschen ihr Haus an die Stelle gesetzt, die der Wünschelrutengänger bestimmte. Auch die Lage für einen Brunnen wurde dadurch festgelegt. Tüftler bauen sogar Wünschelruten aus Metall nach, die angeblich noch besser funktionieren.

Hexenbesen

Material:

1 etwa 1,2 m langer Besenstiel oder Stab

Reisig

Schnur

dicker Draht

evtl. Drahtzange

Stange zum Verdrillen des Drahtes

Astschere oder alte Schere

Hammer

Urtümliche Besen entstehen aus dünnem Weiden-
reisig (oder Ginster oder andere sehr feine Zweige;
fallen oft beim Fällen und Ausschneiden von Bäumen an) mit einem Holzstiel. Sie sind nicht nur
gut für einen „Hexenritt", sondern kehren auch
ausgezeichnet Terrassen und Wege.

Beim Selberbauen ist es wichtig, das Reisig
wirklich fest an dem Stiel zu befestigen. Größere
Kinder arbeiten zu zweit, kleinere in der Gruppe
mit Erwachsenen:

* Das Reisig auf etwa gleiche Länge (etwa
  Armlänge) schneiden, mit den Schnittkanten
  aneinander auf den Boden auf ein Stück Schnur
  legen.

* Die Stange darauflegen, so daß sie etwa bis zur
  Reisig-Mitte ragt. Ein Kind hält das Reisig um
  die Stange, das andere bindet es mit der Schnur
  zunächst einmal provisorisch fest.

* Ein armlanges Stück dicken Draht (zum
  Beispiel einen alten Kleiderbügel) um die
  Schnur legen und zusammendrillen. Dabei wie
  auf der Zeichnung eine Schlinge im Draht bilden, durch die eine feste Stange oder ein Metall-
  stift paßt. Diese nun so drehen, daß sich der
  Draht immer fester um das Reisig verdrillt, bis
  es ganz fest am Stiel sitzt. Draht mit einer starken Drahtschere abschneiden.

* Überstehenden Draht plattklopfen.

* Das Reisig nach Belieben noch etwas kürzen.

Seltsame Baumbewohner: Misteln

Misteln bilden mit Bäumen Lebensgemeinschaften. Im Winter sind die bis zu 1 m großen saftiggrünen Pflanzen in den kahlen Baumkronen sehr gut zu erkennen. Sie sind in luftiger Höhe mit ihren Wurzeln fest im Holz verankert und zapfen Wasser und Nährstoffe aus dem Baum. Man nennt das halbparasitäre Lebensweise (zum Teil nehmen sie mit ihren grünen Blättern selbst Nährstoffe auf). Es gibt 3 Arten, die auf Laubbäumen, auf Weißtannen oder auf Kiefern wachsen.

Wie kommen sie aber auf die Bäume? Ältere Misteln entwickeln im Winter weiße Beeren mit Samen in einer klebrigen Füllung. Diese bleiben an pickenden Vögeln hängen und gelangen mit ihnen auf neue Bäume, wo sie keimen und Wurzeln schlagen.

Diese ungewöhnlichen Pflanzen beschäftigten schon immer die Phantasie der Menschen. Man schrieb besonders den seltenen, auf Eichen wachsenden Misteln geheime Kräfte zu. Spätestens seit „Asterix" ist bekannt, wie keltische Druiden sie mit goldenen Sicheln im Mondschein schnitten. Auch heute ist noch etwas von dem Zauber vorhanden, wenn wir zu Weihnachten Mistelzweige über die Tür hängen. Ursprünglich sollten sie Unheil abwehren und Glück bringen. In England darf man alle Leute, die man unter dem Mistelzweig überrascht, küssen. Wenn Sie einen kleinen Mistelzweig in eine Kerzenflamme halten, erzeugt er seltsame Flammenspiele.

Anhang

Register

Verzeichnis nach Sachgruppen

Infos

Rezepte

Spiele

Jahreszeitlich gebundene Aktivitäten

Zur Autorin

Biographische Daten:

geboren 1960 in Erlangen

nach der Schule Germanistik-Studium in Salzburg, einjähriger Studienaufenthalt Glasgow

seit 1988 freiberufliche Arbeit als Lektorin, Übersetzerin und Buchautorin besonders zu folgenden Themen: Pflanzen, Werken und Basteln mit umweltfreundlichen Materialien, Kinderbücher, Schulbücher, populärwissenschaftliche Sachbücher, Reisebücher

Schon seit frühester Kindheit beschäftige ich mich intensiv mit „umweltfreundlichen" Aktivitäten und Bastelmethoden und gebe meine Erkenntnisse immer wieder in Kursen, Kindergruppen sowie Beiträgen zu Zeitschriften und Büchern weiter; mein größtes Anliegen dabei: Spaß haben, ohne den allfälligen Konsumterror und die Umweltzerstörung allzusehr zu unterstützen, den Blick für das Einfache öffnen.

Seit diesem Jahr lebe und arbeite ich in Nürnberg, „am Rande des Reichswalds".

Wichtige Adressen

(Teilweise haben die Organisationen/Ämter auch Zweigstellen in den einzelnen Bundesländern/mehreren Orten. Sehr hilfreich ist auch ein guter Draht zu den örtlichen Forstämtern. Neben Auskünften organisieren diese nach Absprache Führungen, beispielsweise zum jährlichen „Tag des Baumes", veranstalten Christbaumverkäufe u.ä.)

Deutschland:

Umweltbundesamt
Bismarckplatz 1
14193 Berlin

Bundesministerium für Umwelt, Naturschutz und Reaktorsicherheit
Kennedyallee 5
53175 Bonn

Bundesministerium für Ernährung,
Landwirtschaft und Forsten
Rochusstraße 1
53123 Bonn

Aktion Ameise (organisiert Gruppen, Aktivitäten im Bereich Umweltschutz für Kinder)
Königsträßle 74
70597 Stuttgart

BUND (Bund für Umwelt- und Naturschutz)
Im Rheingarten 7
53225 Bonn

BUNDjugend
Friedrich-Breuer-Straße 86
53225 Bonn

Deutsche Waldjugend
Auf dem Hohenstein 3
58675 Hemer

DJN (Deutscher Jugendbund für Naturbeobachtungen)
Justus-Strandes-Weg 14
22337 Hamburg

Greenpeace
Vorsetzen 53
20459 Hamburg

Greenteam (Jugendorganisation von Greenpeace)
Karpfangerstraße 14
20459 Hamburg

Robin Wood
Postfach 10 21 22
28021 Bremen 1

SAU (SchülerInnen Aktion Umwelt)
Jugendumweltbüro
Mauerstraße 3
37073 Göttingen

Schutzgemeinschaft Deutscher Wald
Meckenheimer Allee 79
53115 Bonn

Österreich:

Ministerium für Umwelt, Jugend und Familie
Radetzkystraße 2
1031 Wien

Greenpeace
Auenburgger Gasse 2
1030 Wien
Mariahilfer Gürtel 32
1060 Wien

Kuratorium Rettet den Wald
Albertgasse 26/8a
1080 Wien

Österreichische Gesellschaft
für Natur und Umweltschutz
Hegelgasse 21
1010 Wien

Österreichische Naturschutzjugend
Oberarnsdorf 29
5112 Lamprechtshausen

World Wild Life Fund for Nature
Ottakringerstraße 114-116/9
Postfach 1
1162 Wien

Schweiz:

Bundesamt für Umwelt, Wald und Landschaft
Hallwylstraße 4
3003 Bern

Greenpeace
Müllerstraße 37
8026 Zürich

SNB (Schweizer Bund für Naturschutz)
Wartenbergstraße 22
4020 Basel

World Wild Life Fund for Nature
Förrlibuckstraße 66
Postfach
8037 Zürich

Empfehlenswerte Bücher

Baumbestimmungsbücher:

Aas, Gregor und Riedmiller, Andreas: **GU Naturführer Bäume**. München 1987
Handlicher kleiner Führer mit Detail- und Gesamtaufnahmen der wichtigsten bei uns vorkommenden Bäume

Coombes, Alan J.: **Laub- und Nadelbäume**. Ravensburg 1994 (Reihe Ravensburger Naturführer)
Übersichtliches, ausführliches Nachschlagewerk mit vielen Detail-Fotos

Kremer, Bruno P.: **Bäume - Heimische und eingeführte Arten Europas**. München 1984 (Reihe Steinbachs Naturführer)
Präzise, knappe Texte und zahlreiche Fotos; handliche und übersichtliche Bestimmungshilfe, die man gut mitnehmen kann

Mitchell, Alan: **Bäume**. Augsburg 1994
Übersichtliches Bestimmungsbuch für Kinder mit genauen Zeichnungen und Vorschlägen für Aktivitäten

Sachbücher:

Aktuelle Fakten sind beim Bundesministerium für Ernährung, Landwirtschaft und Forsten (Adresse Seite 97) zu beziehen. Hier können jährlich kostenlos der Waldzustandsbericht der Bundesregierung des jeweils vergangenen Jahres sowie diverse Broschüren angefordert werden.

Burnie, David: **Bäume**. Hildesheim 1989 (Reihe Sehen-Staunen-Wissen)
Ansprechend gestaltetes Buch für Kinder; zahlreiche Bilder beschreiben nicht nur die einzelnen Baumarten, sondern auch größere Zusammenhänge (Holz, Vergleich von Blattformen etc.)

Fischer-Rizzi, Susanne: **Blätter von Bäumen**. Legenden, Mythen, Heilanwendung und Betrachtung von einheimischen Bäumen. München 1992
Ausführliche Infos über Geschichte, Kulturgeschichte und biologische Zusammenhänge zu den meisten einheimischen Bäumen (nach Arten geordnet); daneben ausgefallene, teilweise etwas aufwendige Kochrezepte

Hetmann, Frederik: **Baum und Zauber**. München 1988

Meister, Georg: **Wir tun was... für naturnahe Wälder.** Stuttgart 1990 (Hrsg. Gunter Steinbach)
Info-Buch für größere Kinder, das zu verschiedenen Aktionen anregt

Mitchell, Alan u.a.: **Die Wälder der Welt.** Bern/Stuttgart 1981
Gute, nach Doppelseiten aufgebaute systematische Darstellung einheimischer und exotischer Wälder sowie aller Nutz-Aspekte von Holz und Bäumen

Petruszek, Thomas: **Das Buch der Bäume.** Köln 1991
Überblick über alle Aspekte des Waldes für Erwachsene

Schmidbauer, Hildegard und Hederer, J.: **Erlebnisraum Wald.** München 1991
Anleitungen zur praktischen Umwelterziehung in Kindergarten und Schule beim spielerischen Kennenlernen des Waldes

Lese- und Vorlesetexte:

Aldridge, Alan: Fungel, **Hüter des Waldes.** München 1992
Phantastische Geschichte von einem weisen Waldzwerg, der den Waldbewohnern hilft, ihren Lebensraum zu schützen

Andersen, Hans Christian: **Der letzte Traum der alten Eiche; Der Tannenbaum**

Cratzius, Barbara: **Ein ganzes Jahr und noch viel mehr.** Freiburg 1995
U.a. kleine Geschichten von Bäumen zum Vorlesen

Greisenegger, I., Farasin, K., Pitter, K.: **Umwelt-Spürnasen Aktivbuch Wald.** Wien 1991
Detektivtagebuch rund um das Geschehen im Wald, für Kinder geschrieben

Pausewang, Gudrun: **Die Kinder in den Bäumen.** Zürich 1994
Kinder bringen einen Großgrundbesitzer, der den Regenwald abholzen will, zum Nachdenken; Die Geschichte spielt in Südamerika

Siegert, F., Veit, B., Wiebus, H.-O.: **Arrang lebt im Regenwald.** Wuppertal 1991
Leben eines Jungen auf Borneo

Mit-Spiel-Lieder und Bücher
aus dem
Ökotopia Verlag
Hafenweg 26 · D-48155 Münster

Klaus W. Hoffmann, Hanna Joswig

Singsang, Klingklang, Zaubertuch
Theater, Spiellieder und Kunststücke rund ums Taschenbuch

Dieses Buch Zeigt, wie aus Alltagsmaterialien die tollsten Puppen, Requisiten und Kulissen entstehen können. Aber eines steht immer im Mittelpunkt der kleinen Theaterstücke, lustigen Spiellieder und pfiffigen Kunststücke: das Taschentuch.
Zu allen Ideen gibt es Spieltexte, Lieder mit Noten und Bastelanleitungen.

ISBN: 3-925169-68-7 **Preis:** 28,– DM
dazu **MusiCassette ISBN:** 3-925169-67-9

Annette Breucker

Da ist der Bär los...
Kooperative Mit-Spiel-Aktionen für kleine und große Leute ab 3 J.

Presseecho:
„...ein reizvolles, spannendes und lustiges Unternehmen... Endlich einmal etwas Neues auf dem Spielbuchmarkt! - Empfehlenswert."
(Aus: Das neue Buch/Buchprofile, 1/91)

ISBN: 3-925169-24-5 **Preis:** 32,- DM
dazu **MusiCassette ISBN:** 3-925169-58-X

Annette Breucker, Dirk Rubin

Schnickschnack
Verrückte Lieder, Geschichten und Spiele mit dem Schabernackbär ab 4 J.

Das Buch entführt alle kleinen und großen Leute mit phantasievollen und abenteuerlichen Geschichten in die Welt des lebendigen Spielzeugs und regt mit vielen Spielen, Liedern und Bastelideen zum Mitspielen an. Ein spannendes Vorlese-Spiele-Lieder-Bastelbuch für alle, die Lust haben, mal wieder richtigen Schabernack zu treiben.

ISBN: 3-925169-56-3 **Preis:** 29,80 DM
dazu **MusiCassette ISBN:** 3-925169-57-1

Wolfgang Hering

Kinderleichte Kanons
Zum Singen, Spielen, Sprechen und Bewegen

Mit den kinderleichten Kanons gelingt es auf einfache Weise, Mehrstimmigkeit zu erzeugen, den Spaß am Singen aufzugreifen und die Konzentration zu fördern. Fast siebzig Sing- und Sprechkanons sind in dem Buch zu finden. Zusätzlich gibt es reichhaltige Tips zum Spielen, Tanzen und Bewegen.

ISBN: (Buch incl. CD): 3-925169-90-3 **Preis:** 54,80 DM
ISBN: (nur Buch): 3-925169-91-1 **Preis:** 32,– DM
ISBN: (MC): 3-925169-92-X **Preis:** 22,80 DM

Gisela Mühlenberg

Budenzauber
Spiellieder und Bewegungsspiele für große und kleine Leute

Presseecho:
„Ein empfehlenswertes Buch für alle, die mit Kindern Spiel, Spaß und Bewegung erleben wollen!" (Aus: Sonderschulmagazin 3/93)
"Alles ist gut erklärt und ohne großen Aufwand zu machen – kurzum, ein zuverlässiger Rettungsring, wenn es heißt: Kannst du nicht was Tolles mit uns spielen?" (Aus: WAZ, 19.9.92)

ISBN: 3-925169-41-5 **Preis:** 32,- DM
dazu **MusiCassette ISBN:** 3-925169-63-6

Annette Breucker, Dirk Rubin

Hoppla, jetzt kommt Knud!
Spannende Abenteuer mit Knud, dem Umweltfreund

Neben Geschichten und Liedern warten unter dem Motto „Komm, mach mit!" viele lustige Spielereien und Rätsel auf kleine und große Umweltspürnasen. Ein echter Schatz für alle Knud-Freunde und die, die es werden wollen, zauberhaft illustriert von Susanne Szesny. Ein Buch zum Lesen, Vorlesen, Singen, Sehen und Spielen für Kinder ab 4 Jahren.

ISBN: 3-925169-71-7 **Preis:** 32,– DM
dazu **MusiCassette ISBN:** 3-925169-70-9

Tänze für 1001 Nacht
Geschichten, Aktionen und Gestaltungsideen für 15 Kindertänze ab 4 Jahren

Dieses aufregende Spiel- und Aktionsbuch bietet in fünfzehn Einheiten zahlreiche Ideen zum spielerischen Einstieg ins Tanzen. Kinder lieben es, sich zu Musik zu bewegen und ausgelassen zu tanzen. Doch einfache Kindertänze, die schon mit kleinen Kindern durchgeführt werden können, gibt es leider nur selten. Hier will das Buch eine Lücke schliessen.

ISBN (Buch incl. CD): 3-925169-82-2 **Preis:** 54,80 DM
ISBN (nur Buch): 3-925169-86-5 **Preis:** 32,00 DM
ISBN (nur MC): 3-925169-83-0 **Preis:** 22,80 DM

Volker Friebel

Weiße Wolken – Stille Reise
Ruhe und Entspannung für Kinder ab 4 Jahren. Mit vielen Geschichten, Übungen und Musik

Mit den leicht verständlichen Anleitungen in diesem Buch und der einfühlsamen Musik können Erwachsene gemeinsam mit Kindern Stille, Meditation, Konzentration und Entspannung neu entdecken.

ISBN (Buch incl. CD): 3-925169-95-4 **Preis:** 44,– DM
ISBN (Buch incl. MC): 3-925169-94-6 **Preis:** 42,– DM

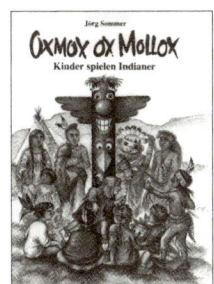